D1416103

Discurso del método

René Descartes

Publicado: 1637
Categoría(s): No Ficción, Humanidades, Filosofía, Metodología

Acerca Descartes:

Summary

René Descartes (March 31, 1596 to February 11, 1650), also known as Renatus Cartesius (latinized form), was a highly influential French philosopher, mathematician, scientist, and writer. Dubbed the Founder of Modern Philosophy, and the Father of Modern Mathematics, much of subsequent western philosophy is a reaction to his writings, which have been closely studied from his time down to the present day. His influence in mathematics is also apparent, the Cartesian coordinate system being used in plane geometry and algebra being named after him, and he was one of the key figures in the Scientific Revolution.

Descartes frequently contrasted his views with those of his predecessors. In the opening section of the Passions of the Soul, a treatise on the Early Modern version of what are now commonly called emotions, he goes so far as to assert that he will write on his topic as if no one had written on these matters before. Nevertheless many elements of his philosophy have precedents in late Aristotelianism, the revived Stoicism of the 16th century, or in earlier philosophers like St. Augustine. In his natural philosophy, he differs from the Schools on two major points: first, he rejects the analysis of corporeal substance into matter and form; second, he rejects any appeal to ends divine or natural in explaining natural phenomena. In his theology, he insists on the absolute freedom of God's act of creation.

Descartes was a major figure in 17th century continental rationalism, later advocated by Baruch Spinoza and Gottfried Leibniz, and opposed by the empiricist school of thought consisting of Hobbes, Locke, Berkeley, and Hume. Leibniz, Spinoza and Descartes were all versed in mathematics as well as philosophy, and Descartes and Leibniz contributed greatly to science as well. As the inventor of the Cartesian coordinate system, Descartes founded analytic geometry, that bridge between algebra and geometry crucial to the invention of calculus and analysis. Descartes's reflections on mind and mechanism began the strain of western thought that much later, impelled by the invention of the electronic computer and by the possibility of machine intelligence, blossomed into, e.g., the Turing test. His most famous statement is: Cogito ergo sum (French: Je pense, donc je suis; English: I think, therefore I am), found in §7 of part I of Principles of Philosophy (Latin) and in part IV of Discourse on the Method (French).

Prólogo par el Discurso del Método Para bien dirigir la razón y buscar la verdad en las ciencias.

Si este discurso parece demasiado largo para leído de una vez, puede dividirse en seis partes: en la primera se hallarán diferentes consideraciones acerca de las ciencias; en la segunda, las reglas principales del método que el autor ha buscado; en la tercera, algunas otras de moral que ha podido sacar de aquel método; en la cuarta, las razones con que prueba la existencia de Dios y del alma humana, que son los fundamentos de su metafísica; en la quinta, el orden de las cuestiones de física, que ha investigado y, en particular, la explicación del movimiento del corazón y de algunas otras dificultades que atañen a la medicina, y también la diferencia que hay entre nuestra alma y la de los animales; y en la última, las cosas que cree necesarias para llegar, en la investigación de la naturaleza, más allá de donde él ha llegado, y las razones que le han impulsado   a   escribir.   (5)

Primera parte

El buen sentido es lo que mejor repartido está entre todo el mundo, pues cada cual piensa
que posee tan buena provisión de él, que aun los más descontentadizos respecto a cualquier otra cosa, no suelen apetecer más del que ya tienen. En lo cual no es verosímil que todos se engañen,
sino que más bien esto demuestra que la facultad de juzgar y distinguir lo verdadero de lo falso, que
es propiamente lo que llamamos buen sentido o razón, es naturalmente igual en todos los hombres;
y, por lo tanto, que la diversidad de nuestras opiniones no proviene de que unos sean más
razonables que otros, sino tan sólo de que dirigimos nuestros pensamientos por derroteros diferentes
y no consideramos las mismas cosas. No basta, en efecto, tener el ingenio bueno; lo principal es
aplicarlo bien. Las almas más grandes son capaces de los mayores vicios, como de las mayores
virtudes; y los que andan muy despacio pueden llegar mucho más lejos, si van siempre por el
camino recto, que los que corren, pero se apartan de él.

Por mi parte, nunca he presumido de poseer un ingenio más perfecto que los ingenios
comunes; hasta he deseado muchas veces tener el pensamiento tan rápido, o la imaginación tan
clara y distinta, o la memoria tan amplia y presente como algunos otros. Y no sé de otras cualidades

sino ésas, que contribuyan a la perfección del ingenio;
pues en lo que toca a la razón o al sentido,
siendo, como es, la única cosa que nos hace hombres
y nos distingue de los animales, quiero creer
que está entera en cada uno de nosotros y seguir en
esto la común opinión de los filósofos, que
dicen que el más o el menos es sólo de los accidentes,
mas no de las formas o naturalezas de los
individuos de una misma especie.

Pero, sin temor, puedo decir, que creo que fue una
gran ventura para mí el haberme
metido desde joven por ciertos caminos, que me han
llevado a ciertas consideraciones y máximas,
con las que he formado un método, en el cual
paréceme que tengo un medio para aumentar
gradualmente mi conocimiento y elevarlo poco a
poco hasta el punto más alto a que la mediocridad
de mi ingenio y la brevedad de mi vida puedan
permitirle llegar. Pues tales frutos he recogido ya de
ese método, que, aun cuando, en el juicio que sobre
mí mismo hago, procuro siempre inclinarme del
lado de la desconfianza mejor que del de la
presunción, y aunque, al mirar con ánimo filosófico las
distintas acciones y empresas de los hombres, no
hallo casi ninguna que no me parezca vana e
inútil, sin embargo no deja de producir en mí una
extremada satisfacción el progreso que pienso
haber realizado ya en la investigación de la verdad, y
concibo tales esperanzas para el porvenir ,
que si entre las ocupaciones que embargan a los
hombres, puramente hombres, hay alguna que sea
sólidamente buena e importante, me atrevo a creer
que es la que yo he elegido por mía.

Puede ser, no obstante, que me engañe; y acaso lo que me parece oro puro y diamante
fino, no sea sino un poco de cobre y de vidrio. Sé cuán expuestos estamos a equivocar nos, cuando
de nosotros mismos se trata, y cuán sospechosos deben sernos también los juicios de los amigos,
que se pronuncian en nuestro favor. Pero me gustaría dar a conocer, en el presente discurso, el
camino que he seguido y representar en él mi vida, como en un cuadro, para que cada cual pueda
formar su juicio, y así, tomando luego conocimiento, por el rumor público, de las opiniones
emitidas, sea este un nuevo medio de instruirme, que añadiré a los que acostumbro emplear.

Mi propósito, pues, no es el de enseñar aquí el método que cada cual ha de seguir para
dirigir bien su razón, sino sólo exponer el modo como yo he procurado conducir la mía(. Los que
se meten a dar preceptos deben de estimarse más hábiles que aquellos a quienes los dan, y son muy
censurables, si faltan en la cosa más mínima. Pero como yo no propongo este escrito, sino a modo
de historia o, si preferís, de fábula, en la que, entre ejemplos que podrán imitarse, irán acaso otros
también que con razón no serán seguidos, espero que tendrá utilidad para algunos, sin ser nocivo
para nadie, y que todo el mundo agradecerá mi franqueza.

Desde la niñez, fui criado en el estudio de las letras y, como me aseguraban que por
medio de ellas se podía adquirir un conocimiento claro y seguro de todo cuanto es útil para la vida,
sentía yo un vivísimo deseo de aprenderlas. Pero tan pronto como hube terminado el curso de los

estudios, cuyo remate suele dar ingreso en el número de los hombres doctos, cambié por completo

de opinión, Pues me embargaban tantas dudas y errores, que me parecía que, procurando instruirme, no había conseguido más provecho que el de descubrir cada vez mejor mi ignorancia. Y, sin embargo, estaba en una de las más famosas escuelas de Europa , en donde pensaba yo que debía haber hombres sabios, si los hay en algún lugar de la tierra. Allí había aprendido todo lo que los demás aprendían; y no contento aún con las ciencias que nos enseñaban, recorrí cuantos libros pudieron caer en mis manos, referentes a las ciencias que se consideran como las más curiosas y raras. Conocía, además, los juicios que se hacían de mi persona, y no veía que se me estimase en menos que a mis condiscípulos, entre los cuales algunos había ya destinados a ocupar los puestos que dejaran vacantes nuestros maestros. Por último, parecíame nuestro siglo tan floreciente y fértil en buenos ingenios, como haya sido cualquiera dé los precedentes. Por todo lo cual, me tomaba la libertad de juzgar a los demás por mí mismo y de pensar que no había en el mundo doctrina alguna como la que se me había prometido anteriormente.

No dejaba por eso de estimar en mucho los ejercicios que se hacen en las escuelas. Sabía que las lenguas que en ellas se aprenden son necesarias para la inteligencia de los libros antiguos; que la gentileza de las fábulas despierta el ingenio; que las acciones memorables, que cuentan las historias, lo elevan y que, leídas con discreción, ayudan a formar el juicio; que la lectura de todos los buenos libros es como una conversación con los mejores ingenios de los pasados siglos, que los han compuesto, y hasta una conversación estudiada, en la que no nos descubren sino lo más selecto

de sus pensamientos; que la elocuencia posee fuerzas y bellezas incomparables; que la poesía tiene delicadezas y suavidades que arrebatan; que en las matemáticas hay sutilísimas invenciones que

pueden ser de mucho servicio, tanto para satisfacer a los curiosos, como para facilitar las artes todas y disminuir el trabajo de los hombres; que los escritos, que tratan de las costumbres, encierran varias enseñanzas y exhortaciones a la virtud, todas muy útiles; que la teología enseña a ganar el

cielo; que la filosofía proporciona medios para hablar con verosimilitud de todas las cosas y

recomendarse a la admiración de los menos sabios; que la jurisprudencia, la medicina y demás ciencias honran y enriquecen a quienes las cultivan; y, por último, que es bien haberlas recorrido

todas, aun las más supersticiosas y las más falsas, para conocer su justo valor y no dejarse engañar por ellas.

Pero creía también que ya había dedicado bastante tiempo a las lenguas e incluso a la

lectura de los libros antiguos y a sus historias y a sus fábulas. Pues es casi lo mismo conversar con

gentes de otros siglos, que viajar por extrañas tierras. Bueno es saber algo de las costumbres de

otros pueblos, para juzgar las del propio con mejor acierto, y no creer que todo lo que sea contrario

a nuestras modas es ridículo y opuesto a la razón, como suelen hacer los que no han visto nada.

Pero el que emplea demasiado tiempo en viajar, acaba por tornarse extranjero en su propio país; y al

que estudia con demasiada curiosidad lo que se hacía en los siglos pretéritos, ocúrrele de ordinario que permanece ignorante de lo que se practica en el presente. Además, las fábulas son causa de que imaginemos como posibles acontecimientos que no lo son; y aun las más fieles historias, supuesto que no cambien ni aumenten el valor de las cosas, para hacerlas más dignas de ser leídas, omiten por lo menos, casi siempre, las circunstancias más bajas y menos ilustres, por lo cual sucede que lo restante no aparece tal como es y que los que ajustan sus costumbres a los ejemplos que sacan de las historias, se exponen a caer en las extravagancias de los paladines de nuestras novelas y a concebir designios, a que no alcanzan sus fuerzas.

Estimaba en mucho la elocuencia y era un enamorado de la poesía; pero pensaba que una y otra son dotes del ingenio más que frutos del estudio. Los que tienen más robusto razonar y digieren mejor sus pensamientos, para hacerlos claros e inteligibles, son los más capaces de llevar a los ánimos la persuasión, sobre lo que proponen, aunque hablen una pésima lengua y no hayan aprendido nunca retórica; y los que imaginan las más agradables invenciones, sabiéndolas expresar con mayor ornato y suavidad, serán siempre los mejores poetas, aun cuando desconozcan el arte poética.

Gustaba sobre todo de las matemáticas, por la certeza y evidencia que poseen sus razones; pero aun no advertía cuál era su verdadero uso y, pensando que sólo para las artes mecánicas servían, extrañábame que, siendo sus cimientos tan firmes y sólidos, no se hubiese construido sobre ellos nada más levantado. Y en cambio los escritos de los antiguos paganos, referentes a las costumbres, comparábalos con palacios muy soberbios y magníficos, pero construidos sobre arena y barro: levantan muy en alto las virtudes y las presentan como las cosas más estimables que hay en el mundo; pero no nos enseñan bastante a conocerlas y, muchas veces, dan ese hermoso nombre a lo que no es sino insensibilidad, orgullo, desesperación o parricidio. Profesaba una gran reverencia por nuestra teología y, como cualquier otro, pretendía yo ganar el cielo. Pero habiendo aprendido, como cosa muy cierta, que el camino de la salvación está tan abierto para los ignorantes como para los doctos y que las verdades reveladas, que allá conducen, están muy por encima de nuestra inteligencia, nunca me hubiera atrevido a someterlas a la flaqueza de mis razonamientos, pensando que, para acometer la empresa de examinarlas y salir con bien de ella, era preciso alguna extraordinaria ayuda del cielo, y ser, por tanto, algo más que hombre.

Nada diré de la filosofía sino que, al ver que ha sido cultivada por los más excelentes ingenios que han vivido desde hace siglos, y, sin embargo, nada hay en ella que no sea objeto de disputa y, por consiguiente, dudoso, no tenía yo la presunción de esperar acertar mejor que los demás; y considerando cuán diversas pueden ser las opiniones tocante a una misma materia, sostenidas todas por gentes doctas, aun cuando no puede ser verdadera más que una sola, reputaba casi por falso todo lo que no fuera más que verosímil.

Y en cuanto a las demás ciencias, ya que toman sus principios de la filosofía, pensaba yo

11

que sobre tan endebles cimientos no podía haberse edificado nada sólido; y ni el honor ni el provecho, que prometen, eran bastantes para invitarme a aprenderlas; pues no me veía, gracias a Dios, en tal condición que hubiese de hacer de la ciencia un oficio con que mejorar mi fortuna; y aunque no profesaba el desprecio de la gloria a lo cínico, sin embargo, no estimaba en mucho aquella fama, cuya adquisición sólo merced a falsos títulos puede lograrse. Y, por último, en lo que toca a las malas doctrinas, pensaba que ya conocía bastante bien su valor, para no dejarme burlar ni por las promesas de un alquimista, ni por las predicciones de un astrólogo, ni por los engaños de un mago, ni por los artificios o la presunción de los que profesan saber más de lo que saben.

Así, pues, tan pronto como estuve en edad de salir de la sujeción en que me tenían mis preceptores, abandoné del todo el estudio de las letras; y, resuelto a no buscar otra ciencia que la que pudiera hallar en mí mismo o en el gran libro del mundo, empleé el resto de mi juventud en viajar, en ver cortes y ejércitos, en cultivar la sociedad de gentes de condiciones y humores diversos, en recoger varias experiencias, en ponerme a mí mismo a prueba en los casos que la fortuna me deparaba y en hacer siempre tales reflexiones sobre las cosas que se me presentaban, que pudiera sacar algún provecho de ellas. Pues parecíame que podía hallar mucha más verdad en los razonamientos que cada uno hace acerca de los asuntos que le atañen, expuesto a que el suceso venga luego a castigarle, si ha juzgado mal, que en los que discurre un hombre de letras, encerrado en su despacho, acerca de especulaciones que no producen efecto alguno y que no tienen para él otras consecuencias, sino que acaso sean tanto mayor motivo para envanecerle cuanto más se

aparten del sentido común, puesto que habrá tenido que gastar más ingenio y artificio en procurar

hacerlas verosímiles. Y siempre sentía un deseo extremado de aprender a distinguir lo verdadero de

lo falso, para ver claro en mis actos y andar seguro por esta vida.

Es cierto que, mientras me limitaba a considerar las costumbres de los otros hombres,

apenas hallaba cosa segura y firme, y advertía casi tanta diversidad como antes en las opiniones de

los filósofos. De suerte que el mayor provecho que obtenía, era que, viendo varias cosas que, a

pesar de parecernos muy extravagantes y ridículas, no dejan de ser admitidas comúnmente y

aprobadas por otros grandes pueblos, aprendía a no creer con demasiada firmeza en lo que sólo el

ejemplo y la costumbre me habían persuadido; y así me libraba poco a poco de muchos errores, que

pueden oscurecer nuestra luz natural y tornarnos menos aptos para escuchar la voz de la razón. Mas cuando hube pasado varios años estudiando en el libro del mundo y tratando de adquirir alguna

experiencia, resolvíme un día a estudiar también en mí mismo y a emplear todas las fuerzas de mi

ingenio en la elección de la senda que debía seguir; lo cual me salió mucho mejor, según creo, que

si no me hubiese nunca alejado de mi tierra y de mis libros.

Segunda parte

Hallábame, por entonces, en Alemania, adonde me llamara la ocasión de unas guerras
que aun no han terminado; y volviendo de la coronación del Emperador hacia el ejército,
cogióme el comienzo del invierno en un lugar en donde, no encontrando conversación alguna que
me divirtiera y no teniendo tampoco, por fortuna, cuidados ni pasiones que perturbaran mi ánimo,
permanecía el día entero solo y encerrado, junto a una estufa, con toda la tranquilidad necesaria para
entregarme a mis pensamientos. Entre los cuales, fue uno de los primeros el ocurrírseme
considerar que muchas veces sucede que no hay tanta perfección en las obras compuestas de varios
trozos y hechas por las manos de muchos maestros, como en aquellas en que uno solo ha trabajado.

Así vemos que los edificios, que un solo arquitecto ha comenzado y rematado, suelen ser más
hermosos y mejor ordenados que aquellos otros, que varios han tratado de componer y arreglar,
utilizando antiguos muros, construidos para otros fines. Esas viejas ciudades, que no fueron al
principio sino aldeas, y que, con el transcurso del tiempo han llegado a ser grandes urbes, están, por
lo común, muy mal trazadas y acompasadas, si las comparamos con esas otras plazas regulares que
un ingeniero diseña, según su fantasía, en una llanura; y, aunque considerando sus edificios uno por

14

uno encontremos a menudo en ellos tanto o más arte que en los de estas últimas ciudades nuevas,

sin embargo, viendo cómo están arreglados, aquí uno grande, allá otro pequeño, y cómo hacen las calles curvas y desiguales, diríase que más bien es la fortuna que la voluntad de unos hombres provistos de razón, la que los ha dispuesto de esa suerte. Y si se considera que, sin embargo, siempre ha habido unos oficiales encargados de cuidar de que los edificios de los particulares sirvan al ornato público, bien se reconocerá cuán difícil es hacer cumplidamente las cosas cuando se trabaja sobre lo hecho por otros. Así también, imaginaba yo que esos pueblos que fueron antaño medio salvajes y han ido civilizándose poco a poco, haciendo sus leyes conforme les iba obligando la incomodidad de los crímenes y peleas, no pueden estar tan bien constituidos como los que, desde que se juntaron, han venido observando las constituciones de algún prudente legislador. Como también es muy cierto, que el estado de la verdadera religión, cuyas ordenanzas Dios solo ha instituido, debe estar incomparablemente mejor arreglado que todos los demás. Y para hablar de las cosas humanas, creo que si Esparta ha sido antaño muy floreciente, no fue por causa de la bondad de cada una de sus leyes en particular, que algunas eran muy extrañas y hasta contrarias a las buenas costumbres, sino porque, habiendo sido inventadas por uno solo, todas tendían al mismo fin.

Y así pensé yo que las ciencias de los libros, por lo menos aquellas cuyas razones son solo probables y carecen de demostraciones, habiéndose compuesto y aumentado poco a poco con las opiniones de varias personas diferentes, no son tan próximas a la verdad como los simples razonamientos que un hombre de buen sentido puede hacer, naturalmente, acerca de las cosas que se presentan. Y también pensaba yo que, como hemos sido todos nosotros niños antes de ser hombres y hemos tenido que dejarnos regir durante mucho tiempo por nuestros apetitos y nuestros preceptores, que muchas veces eran contrarios unos a otros, y ni unos ni otros nos aconsejaban acaso siempre lo mejor, es casi imposible que sean nuestros juicios tan puros y tan sólidos como lo fueran si, desde el momento de nacer, tuviéramos el uso pleno de nuestra razón y no hubiéramos sido nunca dirigidos más que por ésta.

Verdad es que no vemos que se derriben todas las casas de una ciudad con el único propósito de reconstruirlas en otra manera y de hacer más hermosas las calles; pero vemos que muchos particulares mandan echar abajo sus viviendas para reedificarlas y, muchas veces, son forzados a ello, cuando los edificios están en peligro de caerse, por no ser ya muy firmes los cimientos. Ante cuyo ejemplo, llegué a persuadirme de que no sería en verdad sensato que un particular se propusiera reformar un Estado cambiándolo todo, desde los cimientos, y derribándolo para enderezarlo; ni aun siquiera reformar el cuerpo de las ciencias o el orden establecido en las escuelas para su enseñanza; pero que, por lo que toca a las opiniones, a que hasta entonces había dado mi crédito, no podía yo hacer nada mejor que emprender de una vez la labor de suprimirlas, para sustituirlas luego por otras mejores o por las mismas, cuando las hubiere ajustado al nivel de la razón. Y tuve firmemente por cierto que, por este medio, conseguiría dirigir mi vida mucho mejor que si me contentase con edificar sobre cimientos viejos y me apoyase solamente en los principios

que había aprendido siendo joven, sin haber examinado nunca si eran o no verdaderos. Pues si bien en esta empresa veía varias dificultades, no eran, empero, de las que no tienen remedio; ni pueden compararse con las que hay en la reforma de las menores cosas que atañen a lo público. Estos grandes cuerpos políticos, es muy difícil levantarlos, una vez que han sido derribados, o aun sostenerlos en pie cuando se tambalean, y sus caídas son necesariamente muy duras. Además, en lo tocante a sus imperfecciones, si las tienen - y sólo la diversidad que existe entre ellos basta para asegurar que varios las tienen -, el uso las ha suavizado mucho sin duda, y hasta ha evitado o corregido insensiblemente no pocas de entre ellas, que con la prudencia no hubieran podido remediarse tan eficazmente; y por último, son casi siempre más soportables que lo sería el cambiarlas, como los caminos reales, que serpentean por las montañas, se hacen poco a poco tan llanos y cómodos, por, el mucho tránsito, que es muy preferible seguirlos, que no meterse en acortar, saltando por encima de las rocas y bajando hasta el fondo de las simas.

Por todo esto, no puedo en modo alguno aplaudir a esos hombres de carácter inquieto y atropellado que, sin ser llamados ni por su alcurnia ni por su fortuna al manejo de los negocios públicos, no dejan de hacer siempre, en idea, alguna reforma nueva; y si creyera que hay en este escrito la menor cosa que pudiera hacerme sospechoso de semejante insensatez, no hubiera consentido en su publicación. Mis designios no han sido nunca otros que tratar de reformar mis propios pensamientos y edificar sobre un terreno que me pertenece a mí solo. Si, habiéndome gustado bastante mi obra, os enseño aquí el modelo, no significa esto que quiera yo aconsejar a nadie que me imite. Los que hayan recibido de Dios mejores y más abundantes mercedes, tendrán, sin duda, más levantados propósitos; pero mucho me temo que éste mío no sea ya demasiado audaz para algunas personas. Ya la mera resolución de deshacerse de todas las opiniones recibidas anteriormente no es un ejemplo que todos deban seguir. Y el mundo se compone casi sólo de dos especies de ingenios, a quienes este ejemplo no conviene, en modo alguno, y son, a saber: de los que, creyéndose más hábiles de lo que son, no pueden contener la precipitación de sus juicios ni conservar la bastante paciencia para conducir ordenadamente todos sus pensamientos; por donde sucede que, si una vez se hubiesen tomado la libertad de dudar de los principios que han recibido y de apartarse del camino común, nunca podrán mantenerse en la senda que hay que seguir para ir más en derechura, y permanecerán extraviados toda su vida; y de otros que, poseyendo bastante razón o modestia para juzgar que son menos capaces de distinguir lo verdadero de lo falso que otras personas, de quienes pueden recibir instrucción, deben más bien contentarse con seguir las opiniones de esas personas, que buscar por sí mismos otras mejores.

Y yo hubiera sido, sin duda, de esta última especie de ingenios, si no hubiese tenido en mi vida más que un solo maestro o no hubiese sabido cuán diferentes han sido, en todo tiempo, las opiniones de los más doctos. Mas, habiendo aprendido en el colegio que no se puede imaginar nada, por extraño e increíble que sea, que no haya sido dicho por alguno de los filósofos, y habiendo visto luego, en mis viajes, que no todos los que piensan de modo contrario al nuestro son por ello bárbaros y salvajes, sino que muchos hacen tanto o más uso que nosotros de la razón; y habiendo considerado que un mismo hombre, con su mismo ingenio, si se ha criado desde niño entre franceses o alemanes, llega a ser muy diferente de lo que sería si hubiese vivido siempre entre chinos o caníbales; y que hasta en las modas de nuestros trajes, lo que nos ha gustado hace diez años, y acaso vuelva a gustarnos dentro de otros diez, nos parece hoy extravagante y ridículo, de suerte que más son la costumbre y el ejemplo los que nos persuaden, que un conocimiento cierto; y que, sin embargo, la multitud de votos no es una prueba que valga para las verdades algo difíciles de descubrir, porque más verosímil es que un hombre solo dé con ellas que no todo un pueblo, no podía yo elegir a una persona, cuyas opiniones me parecieran preferibles a las de las demás, y me vi como obligado a emprender por mí mismo la tarea de conducirme.

Pero como hombre que tiene que andar solo y en la oscuridad, resolví ir tan despacio y emplear tanta circunspección en todo, que, a trueque de adelantar poco, me guardaría al menos muy bien de tropezar y caer. E incluso no quise empezar a deshacerme por completo de ninguna de las opiniones que pudieron antaño deslizarse en mi creencia, sin haber sido introducidas por la razón,

hasta después de pasar buen tiempo dedicado al proyecto de la obra que iba a emprender, buscando

el verdadero método para llegar al conocimiento de todas las cosas de que mi espíritu fuera capaz.

Había estudiado un poco, cuando era más joven, de las partes de la filosofía, la lógica, y

de las matemáticas, el análisis de los geómetras y el álgebra, tres artes o ciencias que debían, al

parecer, contribuir algo a mi propósito. Pero cuando las examiné, hube de notar que, en lo tocante a

la lógica, sus silogismos y la mayor parte de las demás instrucciones que da, más sirven para

explicar a otros las cosas ya sabidas o incluso, como el arte de Lulio , para hablar sin juicio de

las ignoradas, que para aprenderlas. Y si bien contiene, en verdad, muchos, muy buenos y

verdaderos preceptos, hay, sin embargo, mezclados con ellos, tantos otros nocivos o superfluos, que

separarlos es casi tan difícil como sacar una Diana o una Minerva de un bloque de mármol sin

desbastar. Luego, en lo tocante al análisis de los antiguos y al álgebra de los modernos, aparte

de que no se refieren sino a muy abstractas materias, que no parecen ser de ningún uso, el primero

está siempre tan constreñido a considerar las figuras, que no puede ejercitar el entendimiento sin

cansar grandemente la imaginación; y en la segunda, tanto se han sujetado sus cultivadores a ciertas

reglas y a ciertas cifras, que han hecho de ella un arte confuso y oscuro, bueno para enredar el

ingenio, en lugar de una ciencia que lo cultive. Por todo lo cual, pensé que había que buscar algún

otro método que juntase las ventajas de esos tres, excluyendo sus defectos.

Y como la multitud de leyes sirve muy a menudo de disculpa a los vicios, siendo un
Estado mucho mejor regido cuando hay pocas, pero muy estrictamente observadas, así también, en
lugar del gran número de preceptos que encierra la lógica, creí que me bastarían los cuatro
siguientes, supuesto que tomase una firme y constante resolución de no dejar de observarlos una vez siquiera:
Fue el primero, no admitir como verdadera cosa alguna, como no supiese con evidencia
que lo es; es decir, evitar cuidadosamente la precipitación y la prevención, y no comprender en mis
juicios nada más que lo que se presentase tan clara y distintamente a mí espíritu, que no hubiese
ninguna ocasión de ponerlo en duda.
El segundo, dividir cada una de las dificultades, que examinare, en cuantas partes fuere
posible y en cuantas requiriese su mejor solución.
El tercero, conducir ordenadamente mis pensamientos, empezando por los objetos más
simples y más fáciles de conocer, para ir ascendiendo poco a poco, gradualmente, hasta el
conocimiento de los más compuestos, e incluso suponiendo un orden entre los que no se preceden naturalmente.

Y el último, hacer en todo unos recuentos tan integrales y unas revisiones tan generales,
que llegase a estar seguro de no omitir nada.
Esas largas series de trabadas razones muy simples y fáciles, que los geómetras
acostumbran emplear, para llegar a sus más difíciles demostraciones, habíanme dado ocasión de

imaginar que todas las cosas, de que el hombre puede adquirir conocimiento, se siguen unas a otras

en igual manera, y que, con sólo abstenerse de admitir como verdadera una que no lo sea y guardar

siempre el orden necesario para deducirlas unas de otras, no puede haber ninguna, por lejos que se halle situada o por oculta que esté, que no se llegue a alcanzar y descubrir.

Y no me cansé mucho en buscar por cuáles era preciso comenzar, pues ya sabía que por las más simples y fáciles de conocer;

y considerando que, entre todos los que hasta ahora han investigado la verdad en las ciencias, sólo

los matemáticos han podido encontrar algunas demostraciones, esto es, algunas razones ciertas y

evidentes, no dudaba de que había que empezar por las mismas que ellos han examinado, aun

cuando no esperaba sacar de aquí ninguna otra utilidad, sino acostumbrar mi espíritu a saciarse de

verdades y a no contentarse con falsas razones. Mas no por eso concebí el propósito de procurar

aprender todas las ciencias particulares denominadas comúnmente matemáticas, y viendo que,

aunque sus objetos son diferentes, todas, sin embargo, coinciden en que no consideran sino las

varias relaciones o proporciones que se encuentran en los tales objetos, pensé que más valía

limitarse a examinar esas proporciones en general, suponiéndolas solo en aquellos asuntos que

sirviesen para hacerme más fácil su conocimiento y hasta no sujetándolas a ellos de ninguna

manera, para poder después aplicarlas tanto más libremente a todos los demás a que pudieran

convenir. Luego advertí que, para conocerlas, tendría a veces necesidad de considerar cada una

de ellas en particular, y otras veces, tan solo retener o comprender varias juntas, y pensé que, para considerarlas mejor en particular, debía suponerlas en líneas, porque no encontraba nada más

simple y que más distintamente pudiera yo representar a mi imaginación y mis sentidos; pero que, para retener o comprender varias juntas, era necesario que las explicase en algunas cifras, las más

cortas que fuera posible; y que, por este medio, tomaba lo mejor que hay en el análisis geométrico y en el álgebra, y corregía así todos los defectos de una por el otro.

Y, efectivamente, me atrevo a decir que la exacta observación de los pocos preceptos por

mí elegidos, me dio tanta facilidad para desenmarañar todas las cuestiones de que tratan esas dos

ciencias, que en dos o tres meses que empleé en examinarlas, habiendo comenzado por las más

simples y generales, y siendo cada verdad que encontraba una regla que me servía luego para

encontrar otras, no sólo conseguí resolver varias cuestiones, que antes había considerado como muy

difíciles, sino que hasta me pareció también, hacia el final, que, incluso en las que ignoraba, podría

determinar por qué medios y hasta dónde era posible resolverlas. En lo cual, acaso no me acusaréis

de excesiva vanidad si consideráis que, supuesto que no hay sino una verdad en cada cosa, el que la

encuentra sabe todo lo que se puede saber de ella; y que, por ejemplo, un niño que sabe aritmética y

hace una suma conforme a las reglas, puede estar seguro de haber hallado, acerca de la suma que

examinaba, todo cuanto el humano ingenio pueda hallar; porque al fin y al cabo el método que

enseña a seguir el orden verdadero y a recontar exactamente las circunstancias todas de lo que se busca, contiene todo lo que confiere certidumbre a las reglas de la aritmética.

Pero lo que más contento me daba en este método era que, con él, tenía la seguridad de
emplear mi razón en todo, si no perfectamente, por lo menos lo mejor que fuera en mi poder. Sin
contar con que, aplicándolo, sentía que mi espíritu se iba acostumbrando poco a poco a concebir los
objetos con mayor claridad y distinción y que, no habiéndolo sujetado a ninguna materia particular,
prometíame aplicarlo con igual fruto a las dificultades de las otras ciencias, como lo había hecho a
las del álgebra. No por eso me atreví a empezar luego a examinar todas las que se presentaban, pues
eso mismo fuera contrario al orden que el método prescribe; pero habiendo advertido que los
principios de las ciencias tenían que estar todos tomados de la filosofía, en la que aun no hallaba
ninguno que fuera cierto, pensé que ante todo era preciso procurar establecer algunos de esta clase
y, siendo esto la cosa más importante del mundo y en la que son más de temer la precipitación y la
prevención, creí que no debía acometer la empresa antes de haber llegado a más madura edad que la
de veintitrés años, que entonces tenía, y de haber dedicado buen espacio de tiempo a prepararme,
desarraigando de mi espíritu todas las malas opiniones a que había dado entrada antes de aquel
tiempo, haciendo también acopio de experiencias varias, que fueran después la materia de mis
razonamientos y, por último, ejercitándome sin cesar en el método que me había prescrito, para
afianzarlo mejor en mi espíritu.

Tercera parte

Por último, como para empezar a reconstruir el alojamiento en donde uno habita, no

basta haberlo derribado y haber hecho acopio de materiales y de arquitectos, o haberse ejercitado

uno mismo en la arquitectura y haber trazado además cuidadosamente el diseño del nuevo edificio,

sino que también hay que proveerse de alguna otra habitación, en donde pasar cómodamente el

tiempo que dure el trabajo, así, pues, con el fin de no permanecer irresoluto en mis acciones,

mientras la razón me obligaba a serlo en mis juicios, y no dejar de vivir, desde luego, con la mejor

ventura que pudiese, hube de arreglarme una moral provisional, que no consistía sino en tres o

cuatro máximas, que con mucho gusto voy a comunicaros.

La primera fue seguir las leyes y las costumbres de mi país, conservando constantemente

la religión en que la gracia de Dios hizo que me instruyeran desde niño, rigiéndome en todo lo

demás por las opiniones más moderadas y más apartadas de todo exceso, que fuesen comúnmente

admitidas en la práctica por los más sensatos de aquellos con quienes tendría que vivir. Porque

habiendo comenzado ya a no contar para nada con las mías propias, puesto que pensaba someterlas

todas a un nuevo examen, estaba seguro de que no podía hacer nada mejor que seguir las de los más sensatos. Y aun cuando entre los persas y los chinos hay quizá hombres tan sensatos como entre nosotros, parecíame que lo más útil era acomodarme a aquellos con quienes tendría que vivir; y que para saber cuáles eran sus verdaderas opiniones, debía fijarme más bien en lo que hacían que en lo que decían, no sólo porque, dada la corrupción de nuestras costumbres, hay pocas personas que consientan en decir lo que creen, sino también porque muchas lo ignoran, pues el acto del pensamiento, por el cual uno cree una cosa, es diferente de aquel otro por el cual uno conoce que la cree, y por lo tanto muchas veces se encuentra aquél sin éste. Y entre varias opiniones, igualmente admitidas, elegía las más moderadas, no sólo porque son siempre las más cómodas para la práctica, y verosímilmente las mejores, ya que todo exceso suele ser malo, sino también para alejarme menos del verdadero camino, en caso de error, si, habiendo elegido uno de los extremos, fuese el otro el que debiera seguirse. Y en particular consideraba yo como un exceso toda promesa por la cual se enajena una parte de la propia libertad; no que yo desaprobase las leyes que, para poner remedio a la inconstancia de los espíritus débiles, permiten cuando se tiene algún designio bueno, o incluso para la seguridad del comercio, en designios indiferentes, hacer votos o contratos obligándose a perseverancia; pero como no veía en el mundo cosa alguna que permaneciera siempre en idéntico estado y como, en lo que a mí mismo se refiere, esperaba perfeccionar más y más mis juicios, no empeorarlos, hubiera yo creído cometer una grave falta contra el buen sentido, si, por sólo el hecho de aprobar por entonces alguna cosa, me obligara a tenerla también por buena más tarde, habiendo ella acaso dejado de serlo, o habiendo yo dejado de estimarla como tal.

Mi segunda máxima fue la de ser en mis acciones lo más firme y resuelto que pudiera y
seguir tan constante en las más dudosas opiniones, una vez determinado a ellas, como si fuesen segurísimas, imitando en esto a los caminantes que, extraviados por algún bosque, no deben andar
errantes dando vueltas por una y otra parte, ni menos detenerse en un lugar, sino caminar siempre lo
más derecho que puedan hacia un sitio fijo, sin cambiar de dirección por leves razones, aun cuando
en un principio haya sido sólo el azar el que les haya determinado a elegir ese rumbo; pues de este
modo, si no llegan precisamente adonde quieren ir, por lo menos acabarán por llegar a alguna parte,
en donde es de pensar que estarán mejor que no en medio del bosque. Y así, puesto que muchas
veces las acciones de la vida no admiten demora, es verdad muy cierta que si no está en nuestro
poder el discernir las mejores opiniones, debemos seguir las más probables; y aunque no
encontremos más probabilidad en unas que en otras, debemos, no obstante, decidirnos por algunas y
considerarlas después, no ya como dudosas, en cuanto que se refieren a la práctica, sino como muy
verdaderas y muy ciertas, porque la razón que nos ha determinado lo es. Y esto fue bastante para
librarme desde entonces de todos los arrepentimientos y remordimientos que suelen agitar las consciencias de esos espíritus endebles y vacilantes, que se dejan ir inconstantes a practicar como
buenas las cosas que luego juzgan malas.

Mi tercera máxima fue procurar siempre vencerme a mí mismo antes que a la fortuna, y alterar mis deseos antes que el orden del mundo, y generalmente acostumbrarme a creer que nada hay que esté enteramente en nuestro poder sino nuestros propios pensamientos, de suerte que después de haber obrado lo mejor que hemos podido, en lo tocante a las cosas exteriores, todo lo que falla en el éxito es para nosotros absolutamente imposible. Y esto sólo me parecía bastante para apartarme en lo porvenir de desear algo sin conseguirlo y tenerme así contento; pues como nuestra voluntad no se determina naturalmente a desear sino las cosas que nuestro entendimiento le representa en cierto modo como posibles, es claro que si todos los bienes que están fuera de nosotros los consideramos como igualmente inasequibles a nuestro poder, no sentiremos pena alguna por carecer de los que parecen debidos a nuestro nacimiento, cuando nos veamos privados de ellos sin culpa nuestra, como no la sentimos por no ser dueños de los reinos de la China o de Méjico; y haciendo, como suele decirse, de necesidad virtud, no sentiremos mayores deseos de estar sanos, estando enfermos, o de estar libres, estando encarcelados, que ahora sentimos de poseer cuerpos compuestos de materia tan poco corruptible como el diamante o alas para volar como los pájaros. Pero confieso que son precisos largos ejercicios y reiteradas meditaciones para acostumbrarse a mirar todas las cosas por ese ángulo; y creo que en esto consistía principalmente el secreto de aquellos filósofos, que pudieron antaño sustraerse al imperio de la fortuna, y a pesar de los sufrimientos y la pobreza, entrar en competencia de ventura con los propios dioses. Pues, ocupados sin descanso en considerar los límites prescritos por la naturaleza, persuadíanse tan perfectamente de que nada tenían en su poder sino sus propios pensamientos, que esto sólo era bastante a impedirles sentir afecto hacia otras cosas; y disponían de esos pensamientos tan absolutamente, que tenían en esto cierta razón de estimarse más ricos y poderosos y más libres y bienaventurados que ningunos otros hombres, los cuales, no teniendo esta filosofía, no pueden, por mucho que les hayan favorecido la naturaleza y la fortuna, disponer nunca, como aquellos filósofos, de todo cuanto quieren.

En fin, como conclusión de esta moral, ocurrióseme considerar, una por una, las diferentes ocupaciones a que los hombres dedican su vida, para procurar elegir la mejor; y sin querer decir nada de las de los demás, pensé que no podía hacer nada mejor que seguir en la misma que tenía; es decir, aplicar mi vida entera al cultivo de mi razón y adelantar cuanto pudiera en el conocimiento de la verdad, según el método que me había prescrito. Tan extremado contento había sentido ya desde que empecé a servirme de ese método, que no creía que pudiera recibirse otro más suave e inocente en esta vida; y descubriendo cada día, con su ayuda, algunas verdades que me parecían bastante importantes y generalmente ignoradas de los otros hombres, la satisfacción que experimentaba llenaba tan cumplidamente mi espíritu, que todo lo restante me era indiferente.

Además, las tres máximas anteriores fundábanse sólo en el propósito, que yo abrigaba, de continuar instruyéndome; pues habiendo dado Dios a cada hombre alguna luz con que discernir lo verdadero de lo falso, no hubiera yo creído un solo momento que debía contentarme con las opiniones ajenas, de no haberme propuesto usar de mi propio juicio para examinarlas cuando fuera tiempo; y no hubiera podido librarme de escrúpulos, al seguirlas, si no hubiese esperado aprovechar todas las ocasiones para encontrar otras mejores, dado caso que las hubiese; y, por último, no habría sabido limitar mis deseos y estar contento, si no hubiese seguido un camino por donde, al mismo tiempo que asegurarme la adquisición de todos los conocimientos que yo pudiera, pensaba también por el mismo modo llegar a conocer todos los verdaderos bienes que estuviesen en mi poder; pues no determinándose nuestra voluntad a seguir o a evitar cosa alguna, sino porque nuestro entendimiento se la representa como buena o mala, basta juzgar bien, para obrar bien, y juzgar lo mejor que se pueda, para obrar también lo mejor que se pueda; es decir, para adquirir todas las virtudes y con ellas cuantos bienes puedan lograrse; y cuando uno tiene la certidumbre de que ello es así, no puede por menos de estar contento.

Habiéndome, pues, afirmado en estas máximas, las cuales puse aparte juntamente con las verdades de la fe, que siempre han sido las primeras en mi creencia, pensé que de todas mis otras opiniones podía libremente empezar a deshacerme; y como esperaba conseguirlo mejor conversando con los hombres que permaneciendo por más tiempo encerrado en el cuarto en donde había meditado todos esos pensamientos, proseguí mi viaje antes de que el invierno estuviera del todo terminado. Y en los nueve años siguientes, no hice otra cosa sino andar de acá para allá, por el

mundo, procurando ser más bien espectador que actor en las comedias que en él se representan, e
instituyendo particulares reflexiones en toda materia sobre aquello que pudiera hacerla sospechosa y
dar ocasión a equivocarnos, llegué a arrancar de mi espíritu, en todo ese tiempo, cuantos errores
pudieron deslizarse anteriormente. Y no es que imitara a los escépticos, que dudan por sólo
dudar y se las dan siempre de irresolutos; por el contrario, mi propósito no era otro que afianzarme
en la verdad, apartando la tierra movediza y la arena, para dar con la roca viva o la arcilla. Lo cual,
a mi parecer, conseguía bastante bien, tanto que, tratando de descubrir la falsedad o la
incertidumbre de las proposiciones que examinaba, no mediante endebles conjeturas, sino por
razonamientos claros y seguros, no encontraba ninguna tan dudosa, que no pudiera sacar de ella
alguna conclusión bastante cierta, aunque sólo fuese la de que no contenía nada cierto. Y así como
al derribar una casa vieja suelen guardarse los materiales, que sirven para reconstruir la nueva, así
también al destruir todas aquellas mis opiniones que juzgaba infundadas, hacía yo varias
observaciones y adquiría experiencias que me han servido después para establecer otras más ciertas.
Y además seguía ejercitándome en el método que me había prescrito; pues sin contar con que
cuidaba muy bien de conducir generalmente mis pensamientos, según las citadas reglas, dedicaba
de cuando en cuando algunas horas a practicarlas particularmente en dificultades de matemáticas, o
también en algunas otras que podía hacer casi semejantes a las de las matemáticas, desligándolas de
los principios de las otras ciencias, que no me parecían bastante firmes; todo esto puede verse en

varias cuestiones que van explicadas en este mismo volumen. Y así, viviendo en apariencia
como los que no tienen otra ocupación que la de pasar una vida suave e inocente y se ingenian en
separar los placeres de los vicios y, para gozar de su ocio sin hastío, hacen uso de cuantas
diversiones honestas están a su alcance, no dejaba yo de perseverar en mi propósito y de sacar
provecho para el conocimiento de la verdad, más acaso que si me contentara con leer libros o frecuentar las tertulias literarias.

Sin embargo, transcurrieron esos nueve años sin que tomara yo decisión alguna tocante a
las dificultades de que suelen disputar los doctos, y sin haber comenzado a buscar los cimientos de
una filosofía más cierta que la vulgar. Y el ejemplo de varios excelentes ingenios que han intentado
hacerlo, sin, a mi parecer, conseguirlo, me llevaba a imaginar en ello tanta dificultad, que no me
hubiera atrevido quizá a emprenderlo tan presto, si no hubiera visto que algunos propalaban el
rumor de que lo había llevado a cabo. No me es posible decir qué fundamentos tendrían para emitir
tal opinión, y si en algo he contribuido a ella, por mis dichos, debe de haber sido por haber
confesado mi ignorancia, con más candor que suelen hacerlo los que han estudiado un poco, y acaso
también por haber dado a conocer las razones que tenía para dudar de muchas cosas, que los demás
consideran ciertas, mas no porque me haya preciado de poseer doctrina alguna. Pero como tengo el
corazón bastante bien puesto para no querer que me tomen por otro distinto del que soy, pensé que
era preciso procurar por todos los medios hacerme digno de la reputación que me daban; y hace

ocho años precisamente, ese deseo me decidió a alejarme de todos los lugares en donde podía tener algunos conocimientos y retirarme aquí, en un país en donde la larga duración de la guerra ha sido causa de que se establezcan tales órdenes, que los ejércitos que se mantienen parecen no servir sino para que los hombres gocen de los frutos de la paz con tanta mayor seguridad, y en donde, en medio de la multitud de un gran pueblo muy activo, más atento a sus propios negocios que curioso de los ajenos, he podido, sin carecer de ninguna de las comodidades que hay en otras más frecuentadas ciudades, vivir tan solitario y retirado como en el más lejano desierto.

Cuarta parte

No sé si debo hablaros de las primeras meditaciones que hice allí, pues son tan
metafísicas y tan fuera de lo común, que quizá no gusten a todo el mundo. Sin embargo, para
que se pueda apreciar si los fundamentos que he tomado son bastante firmes, me veo en cierta
manera obligado a decir algo de esas reflexiones. Tiempo ha que había advertido que, en lo tocante
a las costumbres, es a veces necesario seguir opiniones que sabemos muy inciertas, como si fueran
indudables, y esto se ha dicho ya en la parte anterior; pero, deseando yo en esta ocasión ocuparme
tan sólo de indagar la verdad, pensé que debía hacer lo contrario y rechazar como absolutamente
falso todo aquello en que pudiera imaginar la menor duda, con el fin de ver si, después de hecho
esto, no quedaría en mi creencia algo que fuera enteramente indudable. Así, puesto que los sentidos
nos engañan, a las veces, quise suponer que no hay cosa alguna que sea tal y como ellos nos la
presentan en la imaginación; y puesto que hay hombres que yerran al razonar, aun acerca de los más
simples asuntos de geometría, y cometen paralogismos, juzgué que yo estaba tan expuesto al error
como otro cualquiera, y rechacé como falsas todas las razones que anteriormente había tenido por
demostrativas; y, en fin, considerando que todos los pensamientos que nos vienen estando
despiertos pueden también ocurrírsenos durante el sueño, sin que ninguno entonces sea verdadero,

resolví fingir que todas las cosas, que hasta entonces habían entrado en mi espíritu, no eran más verdaderas que las ilusiones de mis sueños. Pero advertí luego que, queriendo yo pensar, de esa suerte, que todo es falso, era necesario que yo, que lo pensaba, fuese alguna cosa; y observando que esta verdad: «yo pienso, luego soy», era tan firme y segura que las más extravagantes suposiciones de los escépticos no son capaces de conmoverla, juzgué que podía recibirla sin escrúpulo, como el primer principio de la filosofía que andaba buscando.

Examiné después atentamente lo que yo era, y viendo que podía fingir que no tenía cuerpo alguno y que no había mundo ni lugar alguno en el que yo me encontrase, pero que no podía fingir por ello que yo no fuese, sino al contrario, por lo mismo que pensaba en dudar de la verdad de las otras cosas, se seguía muy cierta y evidentemente que yo era, mientras que, con sólo dejar de pensar, aunque todo lo demás que había imaginado fuese verdad, no tenía ya razón alguna para creer que yo era, conocí por ello que yo era una sustancia cuya esencia y naturaleza toda es pensar, y que no necesita, para ser, de lugar alguno, ni depende de cosa alguna material; de suerte que este yo, es decir, el alma, por la cual yo soy lo que soy, es enteramente distinta del cuerpo y hasta más fácil de conocer que éste y, aunque el cuerpo no fuese, el alma no dejaría de ser cuanto es.

Después de esto, consideré, en general, lo que se requiere en una proposición para que sea verdadera y cierta; pues ya que acababa de hallar una que sabía que lo era, pensé que debía saber también en qué consiste esa certeza. Y habiendo notado que en la proposición: «yo pienso, luego soy», no hay nada que me asegure que digo verdad, sino que veo muy claramente que para

pensar es preciso ser, juzgué que podía admitir esta regla general: que las cosas que concebimos

muy clara y distintamente son todas verdaderas; pero que sólo hay alguna dificultad en notar cuáles

son las que concebimos distintamente.

Después de lo cual, hube de reflexionar que, puesto que yo dudaba, no era mi ser

enteramente perfecto, pues veía claramente que hay más perfección en conocer que en dudar; y se

me ocurrió entonces indagar por dónde había yo aprendido a pensar en algo más perfecto que yo; y

conocí evidentemente que debía de ser por alguna naturaleza que fuese efectivamente más perfecta.

En lo que se refiere a los pensamientos, que en mí estaban, de varias cosas exteriores a mí, como

son el cielo, la tierra, la luz, el calor y otros muchos, no me preocupaba mucho el saber de dónde

procedían, porque, no viendo en esas cosas nada que me pareciese hacerlas superiores a mí, podía

creer que, si eran verdaderas, eran unas dependencias de mi naturaleza, en cuanto que ésta posee

alguna perfección, y si no lo eran, procedían de la nada, es decir, estaban en mí, porque hay en mí

algún defecto. Pero no podía suceder otro tanto con la idea de un ser más perfecto que mi ser; pues

era cosa manifiestamente imposible que la tal idea procediese de la nada; y como no hay menor repugnancia en pensar que lo más perfecto sea consecuencia y dependencia de lo menos perfecto,

que en pensar que de nada provenga algo, no podía tampoco proceder de mí mismo; de suerte que

sólo quedaba que hubiese sido puesta en mí por una naturaleza verdaderamente más perfecta que yo

36

soy, y poseedora inclusive de todas las perfecciones de que yo pudiera tener idea; esto es, para explicarlo en una palabra, por Dios. A esto añadí que, supuesto que yo conocía algunas perfecciones que me faltaban, no era yo el único ser que existiese (aquí, si lo permitís, haré uso libremente de los términos de la escuela), sino que era absolutamente necesario que hubiese algún otro ser más perfecto de quien yo dependiese y de quien hubiese adquirido todo cuanto yo poseía; pues si yo fuera solo e independiente de cualquier otro ser, de tal suerte que de mí mismo procediese lo poco en que participaba del ser perfecto, hubiera podido tener por mí mismo también, por idéntica razón, todo lo demás que yo sabía faltarme, y ser, por lo tanto, yo infinito, eterno, inmutable, omnisciente, omnipotente, y, en fin, poseer todas las perfecciones que podía advertir en Dios. Pues, en virtud de los razonamientos que acabo de hacer, para conocer la naturaleza de Dios hasta donde la mía es capaz de conocerla, bastábame considerar todas las cosas de que hallara en mí mismo alguna idea y ver si era o no perfección el poseerlas; y estaba seguro de que ninguna de las que indicaban alguna imperfección está en Dios, pero todas las demás sí están en él; así veía que la duda, la inconstancia, la tristeza y otras cosas semejantes no pueden estar en Dios, puesto que mucho me holgara yo de verme libre de ellas. Además, tenía yo ideas de varias cosas sensibles y corporales; pues aun suponiendo que soñaba y que todo cuanto veía e imaginaba era falso, no podía negar, sin embargo, que esas ideas estuvieran verdaderamente en mi pensamiento. Mas habiendo ya conocido en mí muy claramente que la naturaleza inteligente es distinta de la corporal, y considerando que toda composición denota dependencia, y que la dependencia es manifiestamente un defecto, juzgaba por ello que no podía ser una perfección en Dios el componerse de esas dos naturalezas, y que, por consiguiente, Dios no era compuesto; en cambio, si en el mundo había cuerpos, o bien algunas inteligencias u otras naturalezas que no fuesen del todo perfectas, su ser debía depender del poder divino, hasta el punto de no poder subsistir sin él un solo instante.

Quise indagar luego otras verdades; y habiéndome propuesto el objeto de los geómetras, que concebía yo como un cuerpo continuo o un espacio infinitamente extenso en longitud, anchura y altura o profundidad, divisible en varias partes que pueden tener varias figuras y magnitudes y ser movidas o trasladadas en todos los sentidos, pues los geómetras suponen todo eso en su objeto, repasé algunas de sus más simples demostraciones, y habiendo advertido que esa gran certeza que todo el mundo atribuye a estas demostraciones, se funda tan sólo en que se conciben con evidencia, según la regla antes dicha, advertí también que no había nada en ellas que me asegurase de la existencia de su objeto; pues, por ejemplo, yo veía bien que, si suponemos un triángulo, es necesario que los tres ángulos sean iguales a dos rectos; pero nada veía que me asegurase que en el mundo hay triángulo alguno; en cambio, si volvía a examinar la idea que yo tenía de un ser perfecto, encontraba que la existencia está comprendida en ella del mismo modo que en la idea de un triángulo está comprendido el que sus tres ángulos sean iguales a dos rectos o, en la de una

esfera, el que todas sus partes sean igualmente distantes del centro, y hasta con más evidencia aún;
y que, por consiguiente, tan cierto es por lo menos, que Dios, que es ese ser perfecto, es o existe, como lo pueda ser una demostración de geometría.

Pero si hay algunos que están persuadidos de que es difícil conocer lo que sea Dios, y aun lo
que sea el alma, es porque no levantan nunca su espíritu por encima de las cosas sensibles y están
tan acostumbrados a considerarlo todo con la imaginación - que es un modo de pensar particular
para las cosas materiales -, que lo que no es imaginable les parece ininteligible. Lo cual está
bastante manifiesto en la máxima que los mismos filósofos admiten como verdadera en las escuelas,
y que dice que nada hay en el entendimiento que no haya estado antes en el sentido, en donde,
sin embargo, es cierto que nunca han estado las ideas de Dios y del alma; y me parece que los que
quieren hacer uso de su imaginación para comprender esas ideas, son como los que para oír los
sonidos u oler los olores quisieran emplear los ojos; y aun hay esta diferencia entre aquéllos y éstos:
que el sentido de la vista no nos asegura menos de la verdad de sus objetos que el olfato y el oído de
los suyos, mientras que ni la imaginación ni los sentidos pueden asegurarnos nunca cosa alguna,
como no intervenga el entendimiento.

En fin, si aun hay hombres a quienes las razones que he presentado no han convencido
bastante de la existencia de Dios y del alma, quiero que sepan que todas las demás cosas que acaso
crean más seguras, como son que tienen un cuerpo, que hay astros, y una tierra, y otras semejantes,

son, sin embargo, menos ciertas; pues, si bien tenemos una seguridad moral de esas cosas, tan

grande que parece que, a menos de ser un extravagante, no puede nadie ponerlas en duda, sin embargo, cuando se trata de una certidumbre metafísica, no se puede negar, a no ser perdiendo la razón, que no sea bastante motivo, para no estar totalmente seguro, el haber notado que podemos de

la misma manera imaginar en sueños que tenemos otro cuerpo y que vemos otros astros y otra tierra, sin que ello sea así. Pues ¿cómo sabremos que los pensamientos que se nos ocurren durante

el sueño son falsos, y que no lo son los que tenemos despiertos, si muchas veces sucede que

aquéllos no son menos vivos y expresos que éstos? Y por mucho que estudien los mejores ingenios,

no creo que puedan dar ninguna razón bastante a levantar esa duda, como no presupongan la

existencia de Dios. Pues, en primer lugar, esa misma regla que antes he tomado, a saber: que las

cosas que concebimos muy clara y distintamente son todas verdaderas; esa misma regla recibe su

certeza sólo de que Dios es o existe, y de que es un ser perfecto, y de que todo lo que está en

nosotros proviene de él; de donde se sigue que, siendo nuestras ideas o nociones, cuando son claras

y distintas, cosas reales y procedentes de Dios, no pueden por menos de ser también, en ese

respecto, verdaderas. De suerte que si tenemos con bastante frecuencia ideas que encierran falsedad,

es porque hay en ellas algo confuso y oscuro, y en este respecto participan de la nada; es decir, que

si están así confusas en nosotros, es porque no somos totalmente perfectos. Y es evidente que no

hay menos repugnancia en admitir que la falsedad o imperfección proceda como tal de Dios mismo, que en admitir que la verdad o la perfección procede de la nada. Mas si no supiéramos que todo cuanto en nosotros es real y verdadero proviene de un ser perfecto e infinito, entonces, por claras y distintas que nuestras ideas fuesen, no habría razón alguna que nos asegurase que tienen la perfección de ser verdaderas.

Así, pues, habiéndonos el conocimiento de Dios y del alma testimoniado la certeza de esa regla, resulta bien fácil conocer que los ensueños, que imaginamos dormidos, no deben, en manera alguna, hacernos dudar de la verdad de los pensamientos que tenemos despiertos. Pues si ocurriese que en sueño tuviera una persona una idea muy clara y distinta, como por ejemplo, que inventase un geómetra una demostración nueva, no sería ello motivo para impedirle ser verdadera; y en cuanto al error más corriente en muchos sueños, que consiste en representarnos varios objetos del mismo modo como nos los representan los sentidos exteriores, no debe importarnos que nos dé ocasión de desconfiar de la verdad de esas tales ideas, porque también pueden los sentidos engañarnos con frecuencia durante la vigilia, como los que tienen ictericia lo ven todo amarillo, o como los astros y otros cuerpos muy lejanos nos parecen mucho más pequeños de lo que son. Pues, en último término, despiertos o dormidos, no debemos dejarnos persuadir nunca sino por la evidencia de la razón. Y nótese bien que digo de la razón, no de la imaginación ni de los sentidos; como asimismo, porque veamos el sol muy claramente, no debemos por ello juzgar que sea del tamaño que le vemos; y muy bien podemos imaginar distintamente una cabeza de león pegada al cuerpo de una cabra, sin que por eso haya que concluir que en el mundo existe la quimera, pues la razón no nos dice que lo que así vemos o imaginamos sea verdadero; pero nos dice que todas nuestras ideas o nociones deben tener algún fundamento de verdad; pues no fuera posible que Dios, que es todo perfecto y verdadero, las pusiera sin eso en nosotros; y puesto que nuestros razonamientos nunca son tan evidentes y tan enteros cuando soñamos que cuando estamos despiertos, si bien a veces nuestras imaginaciones son tan vivas y expresivas y hasta más en el sueño que en la vigilia, por eso nos dice la razón, que, no pudiendo ser verdaderos todos nuestros pensamientos, porque no somos totalmente perfectos, deberá infaliblemente hallarse la verdad más bien en los que pensemos estando despiertos, que en los que tengamos estando dormidos.

Quinta parte

Mucho me agradaría proseguir y exponer aquí el encadenamiento de las otras verdades

que deduje de esas primeras; pero, como para ello sería necesario que hablase ahora de varias

cuestiones que controvierten los doctos , con quienes no deseo indisponerme, creo que mejor

será que me abstenga y me limite a decir en general cuáles son, para dejar que otros más sabios

juzguen si sería útil o no que el público recibiese más amplia y detenida información. Siempre he

permanecido firme en la resolución que tomé de no suponer ningún otro principio que el que me ha

servido para demostrar la existencia de Dios y del alma, y de no recibir cosa alguna por verdadera,

que no me pareciese más clara y más cierta que las demostraciones de los geómetras; y, sin

embargo, me atrevo a decir que no sólo he encontrado la manera de satisfacerme en poco tiempo, en

punto a las principales dificultades que suelen tratarse en la filosofía, sino que también he notado

ciertas leyes que Dios ha establecido en la naturaleza y cuyas nociones ha impreso en nuestras

almas de tal suerte, que si reflexionamos sobre ellas con bastante detenimiento, no podremos dudar

de que se cumplen exactamente en todo cuanto hay o se hace en el mundo. Considerando luego la

serie de esas leyes, me parece que he descubierto varias verdades más útiles y más importantes que

todo lo que anteriormente había aprendido o incluso esperado aprender.

Mas habiendo procurado explicar las principales de entre ellas en un tratado que, por

algunas consideraciones, no puedo publicar, lo mejor será, para darlas a conocer, que diga aquí

sumariamente lo que ese tratado contiene. Propúseme poner en él todo cuando yo creía saber, antes

de escribirlo, acerca de la naturaleza de las cosas materiales. Pero así como los pintores, no

pudiendo representar igualmente bien, en un cuadro liso, todas las diferentes caras de un objeto

sólido, eligen una de las principales, que vuelven hacia la luz, y representan las demás en la sombra,

es decir, tales como pueden verse cuando se mira a la principal, así también, temiendo yo no poder

poner en mi discurso todo lo que había en mi pensamiento, hube de limitarme a explicar muy

ampliamente mi concepción de la luz; luego, con esta ocasión, añadí algo acerca del sol y de las

estrellas fijas, porque casi toda la luz viene de esos cuerpos; de los cielos, que la transmiten; de los

planetas, de los cometas y de la tierra, que la reflejan; y en particular, de todos los cuerpos que hay

sobre la tierra, que son o coloreados, o transparentes o luminosos; y, por último, del hombre, que es

el espectador. Y para dar un poco de sombra a todas esas cosas y poder declarar con más libertad

mis juicios, sin la obligación de seguir o de refutar las opiniones recibidas entre los doctos, resolví

abandonar este mundo nuestro a sus disputas y hablar sólo de lo que ocurriría en otro mundo nuevo,

si Dios crease ahora en los espacios imaginarios bastante materia para componerlo y, agitando

diversamente y sin orden las varias partes de esa materia, fórmase un caos tan confuso como puedan

fingirlo los poetas, sin hacer luego otra cosa que
prestar su ordinario concurso a la naturaleza,
dejándola obrar, según las leyes por él establecidas.
Así, primeramente describí esa materia y traté
de representarla, de tal suerte que no hay, a mi
parecer, nada más claro e inteligible, excepto lo
que antes hemos dicho de Dios y del alma; pues hasta
supuse expresamente que no hay en ella
ninguna de esas formas o cualidades de que disputan
las escuelas, ni en general ninguna otra
cosa cuyo conocimiento no sea tan natural a nuestras
almas, que no se pueda ni siquiera fingir que
se ignora. Hice ver, además, cuales eran las leyes de
la naturaleza; y sin fundar mis razones en
ningún otro principio que las infinitas perfecciones de
Dios, traté de demostrar todas aquéllas sobre
las que pudiera haber alguna duda, y procuré probar
que son tales que, aun cuando Dios hubiese
creado varios mundos, no podría haber uno en donde
no se observaran cumplidamente. Después de
esto, mostré cómo la mayor parte de la materia de ese
caos debía, a consecuencia de esas leyes,
disponerse y arreglarse de cierta manera que la hacía
semejante a nuestros cielos; cómo, entretanto,
algunas de sus partes habían de componer una tierra,
y algunas otras, planetas y cometas, y algunas
otras, un sol y estrellas fijas. Y aquí, extendiéndome
sobre el tema de la luz, expliqué por lo menudo
cuál era la que debía haber en el sol y en las estrellas
y cómo desde allí atravesaba en un instante los
espacios inmensos de los cielos y cómo se reflejaba
desde los planetas y los cometas hacia la tierra.
Añadí también algunas cosas acerca de la sustancia,
la situación, los movimientos y todas las varias
cualidades de esos cielos y esos astros, de suerte que
pensaba haber dicho lo bastante para que se

conociera que nada se observa, en los de este mundo, que no deba o, al menos, no pueda parecer en un todo semejante a los de ese otro mundo que yo describía. De ahí pasé a hablar particularmente de la tierra; expliqué cómo, aun habiendo supuesto expresamente que el Creador no dio ningún peso a la materia, de que está compuesta, no por eso dejaban todas sus partes de dirigirse exactamente hacia su centro; cómo, habiendo agua y aire en su superficie, la disposición de los cielos y de los astros, principalmente de la luna, debía causar un flujo y reflujo semejante en todas sus circunstancias al que se observa en nuestros mares, y además una cierta corriente, tanto del agua como del aire, que va de Levante a Poniente, como la que se observa también entre los trópicos; cómo las montañas, los mares, las fuentes y los ríos podían formarse naturalmente, y los metales producirse en las minas, y las plantas crecer en los campos, y, en general, engendrarse todos esos cuerpos llamados mezclas o compuestos. Y entre otras cosas, no conociendo yo, después de los astros, nada en el mundo que produzca luz, sino el fuego, me esforcé por dar claramente a entender cuanto a la naturaleza de éste pertenece, cómo se produce, cómo se alimenta, cómo a veces da calor sin luz y otras luz sin calor; cómo puede prestar varios colores a varios cuerpos y varias otras cualidades; cómo funde unos y endurece otros; cómo puede consumirlos casi todos o convertirlos en cenizas y humo; y, por último, cómo de esas cenizas, por sólo la violencia de su acción, forma vidrio; pues esta transmutación de las cenizas en vidrio, pareciéndome tan admirable como ninguna otra de las que ocurren en la naturaleza, tuve especial agrado en describirla.

Sin embargo, de todas esas cosas no quería yo inferir que este mundo nuestro haya sido
creado de la manera que yo explicaba, porque es mucho más verosímil que, desde el comienzo, Dios lo puso tal y como debía ser. Pero es cierto - y esta opinión es comúnmente admitida entre los
teólogos- que la acción por la cual Dios lo conserva es la misma que la acción por la cual lo ha
creado; de suerte que, aun cuando no le hubiese dado en un principio otra forma que la del
caos, con haber establecido las leyes de la naturaleza y haberle prestado su concurso para obrar
como ella acostumbra, puede creerse, sin menoscabo del milagro de la creación, que todas las cosas,
que son puramente materiales, habrían podido, con el tiempo, llegar a ser como ahora las vemos; y
su naturaleza es mucho más fácil de concebir cuando se ven nacer poco a poco de esa manera, que
cuando se consideran ya hechas del todo.

De la descripción de los cuerpos inanimados y de las plantas, pasé a la de los animales y
particularmente a la de los hombres. Mas no teniendo aún bastante conocimiento para hablar de
ellos con el mismo estilo que de los demás seres, es decir, demostrando los efectos por las causas y
haciendo ver de qué semillas y en qué manera debe producirlos la naturaleza, me limité a suponer
que Dios formó el cuerpo de un hombre enteramente igual a uno de los nuestros, tanto en la figura
exterior de sus miembros como en la interior conformación de sus órganos, sin componerlo de otra
materia que la que yo había descrito anteriormente y sin darle al principio alma alguna razonable, ni

otra cosa que sirviera de alma vegetativa o sensitiva, sino excitando en su corazón uno de esos fuegos sin luz, ya explicados por mí y que yo concebía de igual naturaleza que el que calienta el heno encerrado antes de estar seco o el que hace que los vinos nuevos hiervan cuando se dejan fermentar con su hollejo; pues examinando las funciones que, a consecuencia de ello, podía haber en ese cuerpo, hallaba que eran exactamente las mismas que pueden realizarse en nosotros, sin que pensemos en ellas y, por consiguiente, sin que contribuya en nada nuestra alma, es decir, esa parte distinta del cuerpo, de la que se ha dicho anteriormente que su naturaleza es sólo pensar ; y siendo esas funciones las mismas todas, puede decirse que los animales desprovistos de razón son semejantes a nosotros; pero en cambio no se puede encontrar en ese cuerpo ninguna de las que dependen del pensamiento que son, por tanto, las únicas que nos pertenecen en cuanto hombres; pero ésas las encontraba yo luego, suponiendo que Dios creó un alma razonable y la añadió al cuerpo, de cierta manera que yo describía.

Pero para que pueda verse el modo como estaba tratada esta materia, voy a poner aquí la explicación del movimiento del corazón y de las arterias que, siendo el primero y más general que se observa en los animales, servirá para que se juzgue luego fácilmente lo que deba pensarse de todos los demás. Y para que sea más fácil de comprender lo que voy a decir, desearía que los que no están versados en anatomía, se tomen el trabajo, antes de leer esto, de mandar cortar en su presencia el corazón de algún animal grande, que tenga pulmones, pues en un todo se parece bastante al del hombre, y que vean las dos cámaras o concavidades que hay en él; primero, la que está en el lado

derecho, a la que van a parar dos tubos muy anchos, a saber: la vena cava, que es el principal

receptáculo de la sangre y como el tronco del árbol, cuyas ramas son las demás venas del cuerpo, y

la vena arteriosa, cuyo nombre está mal puesto, porque es, en realidad, una arteria que sale del

corazón y se divide luego en varias ramas que van a repartirse por los pulmones en todos los

sentidos; segundo, la que está en el lado izquierdo, a la que van a parar del mismo modo dos tubos

tan anchos o más que los anteriores, a saber: la arteria venosa, cuyo nombre está también mal

puesto, porque no es sino una vena que viene de los pulmones, en donde está dividida en varias

ramas entremezcladas con las de la vena arteriosa y con las del conducto llamado caño del pulmón,

por donde entra el aire de la respiración; y la gran arteria, que sale del corazón y distribuye sus

ramas por todo el cuerpo. También quisiera yo que vieran con mucho cuidado los once pellejillos

que, como otras tantas puertecitas, abren y cierran los cuatro orificios que hay en esas dos

concavidades, a saber: tres a la entrada de la vena cava, en donde están tan bien dispuestos que no

pueden en manera alguna impedir que la sangre entre en la concavidad derecha del corazón y, sin

embargo, impiden muy exactamente que pueda salir; tres a la entrada de la vena arteriosa, los cuales

están dispuestos en modo contrario y permiten que la sangre que hay en esta concavidad pase a los

pulmones, pero no que la que está en los pulmones vuelva a entrar en esa concavidad; dos a la

entrada de la arteria venosa, los cuales dejan correr la sangre desde los pulmones hasta la

concavidad izquierda del corazón, pero se oponen a que vaya en sentido contrario; y tres a la
entrada de la gran arteria, que permiten que la sangre salga del corazón, pero le impiden que vuelva
a entrar. Y del número de estos pellejos no hay que buscar otra razón sino que el orificio de la
arteria venosa, siendo ovalado, a causa del sitio en donde se halla, puede cerrarse cómodamente con
dos, mientras que los otros, siendo circulares, pueden cerrarse mejor con tres. Quisiera yo, además,
que considerasen que la gran arteria y la vena arteriosa están hechas de una composición mucho
más dura y más firme que la arteria venosa y la vena cava, y que estas dos últimas se ensanchan
antes de entrar en el corazón, formando como dos bolsas, llamadas orejas del corazón, compuestas
de una carne semejante a la de éste; y que siempre hay más calor en el corazón que en ningún otro
sitio del cuerpo; y, por último, que este calor es capaz de hacer que si entran algunas gotas de
sangre en sus concavidades, se inflen muy luego y se dilaten, como ocurre generalmente a todos los
líquidos, cuando caen gota a gota en algún vaso muy caldeado.

Dicho esto, basta añadir, para explicar el movimiento del corazón, que cuando las
concavidades no están llenas de sangre, entra necesariamente sangre de la vena cava en la de la
derecha, y de la arteria venosa en la de la izquierda, tanto más cuanto que estos dos vasos están
siempre llenos, y sus orificios, que miran hacia el corazón, no pueden por entonces estar tapados;
pero tan pronto como de ese modo han entrado dos gotas de sangre, una en cada concavidad, estas

gotas, que por fuerza son muy gruesas, porque los orificios por donde entran son muy anchos y los vasos de donde vienen están muy llenos de sangre, se expanden y dilatan a causa del calor en que caen; por donde sucede que hinchan todo el corazón y empujan y cierran las cinco puertecillas que están a la entrada de los dos vasos de donde vienen, impidiendo que baje más sangre al corazón; y continúan dilatándose cada vez más, con lo que empujan y abren las otras seis puertecillas, que están a la entrada de los otros dos vasos, por los cuales salen entonces, produciendo así una hinchazón en todas las ramas de la vena arteriosa y de la gran arteria, casi al mismo tiempo que en el corazón; éste se desinfla muy luego, como asimismo sus arterias, porque la sangre que ha entrado en ellas se enfría; y las seis puertecillas vuelven a cerrarse, y las cinco de la vena cava y de la arteria venosa vuelven a abrirse, dando paso a otras dos gotas de sangre, que, a su vez, hinchan el corazón y las arterias como anteriormente. Y porque la sangre, antes de entrar en el corazón, pasa por esas dos bolsas, llamadas orejas, de ahí viene que el movimiento de éstas sea contrario al de aquél, y que éstas se desinflen cuando aquél se infla. Por lo demás, para que los que no conocen la fuerza de las demostraciones matemáticas y no tienen costumbre de distinguir las razones verdaderas de las verosímiles, no se aventuren a negar esto que digo, sin examinarlo, he de advertirles que el movimiento que acabo de explicar se sigue necesariamente de la sola disposición de los órganos que están a la vista en el corazón y del calor que, con los dedos, puede sentirse en esta víscera y de la naturaleza de la sangre que, por experiencia, puede conocerse, como el movimiento de un reloj se sigue de la fuerza, de la situación y de la figura de sus contrapesos y de sus ruedas.

Pero si se pregunta cómo la sangre de las venas no se acaba, al entrar así continuamente
en el corazón, y cómo las arterias no se llenan demasiadamente, puesto que toda la que pasa por el corazón viene a ellas, no necesito contestar otra cosa que lo que ya ha escrito un médico de
Inglaterra, a quien hay que reconocer el mérito de haber abierto brecha en este punto y de ser el
primero que ha enseñado que hay en las extremidades de las arterias varios pequeños corredores,
por donde la sangre que llega del corazón pasa a las ramillas extremas de las venas y de aquí vuelve
luego al corazón; de suerte que el curso de la sangre es una circulación perpetua. Y esto lo prueba
muy bien por medio de la experiencia ordinaria de los cirujanos, quienes, habiendo atado el brazo
con mediana fuerza por encima del sitio en donde abren la vena, hacen que la sangre salga más
abundante que si no hubiesen atado el brazo; y ocurriría todo lo contrario si lo ataran más abajo,
entre la mano y la herida, o si lo ataran con mucha fuerza por encima. Porque es claro que la atadura
hecha con mediana fuerza puede impedir que la sangre que hay en el brazo vuelva al corazón por
las venas, pero no que acuda nueva sangre por las arterias, porque éstas van por debajo de las venas,
y siendo sus pellejos más duros, son menos fáciles de oprimir; y también porque la sangre que viene
del corazón tiende con más fuerza a pasar por las arterias hacia la mano, que no a volver de la mano
hacia el corazón por las venas; y puesto que la sangre sale del brazo, por el corte que se ha hecho en

una de las venas, es necesario que haya algunos pasos
por la parte debajo de la atadura, es decir,
hacia las extremidades del brazo, por donde la sangre
pueda venir de las arterias. También prueba
muy satisfactoriamente lo que dice del curso de la
sangre, por la existencia de ciertos pellejos que
están de tal modo dispuestos en diferentes lugares, a
lo largo de las venas, que no permiten que la
sangre vaya desde el centro del cuerpo a las
extremidades y sí sólo que vuelva de las extremidades
al centro; y además, la experiencia demuestra que
toda la sangre que hay en el cuerpo puede salir en
poco tiempo por una sola arteria que se haya cortado,
aun cuando, habiéndose atado la arteria muy
cerca del corazón, se haya hecho el corte entre éste y
la atadura, de tal suerte que no haya ocasión
de imaginar que la sangre vertida pueda venir de otra
parte.

Pero hay otras muchas cosas que dan fe de que la
verdadera causa de ese movimiento de
la sangre es la que he dicho, como son primeramente
la diferencia que se nota entre la que sale de
las venas y la que sale de las arterias, diferencia que
no puede venir sino de que, habiéndose
rarificado y como destilado la sangre, al pasar por el
corazón, es más sutil y más viva y más caliente
en saliendo de este, es decir, estando en las arterias,
que no poco antes de entrar, o sea estando en
las venas. Y si bien se mira, se verá que esa diferencia
no aparece del todo sino cerca del corazón y
no tanto en los lugares más lejanos; además, la dureza
del pellejo de que están hechas la vena
arteriosa y la gran arteria, es buena prueba de que la
sangre las golpea con más fuerza que a las

venas. Y ¿cómo explicar que la concavidad izquierda del corazón y la gran arteria sean más amplias y anchas que la concavidad derecha y la vena arteriosa, sino porque la sangre de la arteria venosa, que antes de pasar por el corazón no ha estado más que en los pulmones, es más sutil y se expande mejor y más fácilmente que la que viene inmediatamente de la vena cava? ¿Y qué es lo que los médicos pueden averiguar, al tomar el pulso, si no es que, según que la sangre cambie de naturaleza, puede el calor del corazón distenderla con más o menos fuerza y más o menos velocidad? Y si inquirimos cómo este calor se comunica a los demás miembros, habremos de convenir en que es por medio de la sangre, que, al pasar por el corazón, se calienta y se reparte luego por todo el cuerpo, de donde sucede que, si quitamos sangre de una parte, quitámosle asimismo el calor; y aun cuando el corazón estuviese ardiendo, como un hierro candente, no bastaría a calentar los pies y las manos, como lo hace, si no les enviase de continuo sangre nueva.

También por esto se conoce que el uso verdadero de la respiración es introducir en el pulmón aire fresco bastante a conseguir que la sangre, que viene de la concavidad derecha del corazón, en donde ha sido dilatada y como cambiada en vapores, se espese y se convierta de nuevo en sangre, antes de volver a la concavidad izquierda, sin lo cual no pudiera ser apta a servir de alimento al fuego que hay en la dicha concavidad; y una confirmación de esto es que vemos que los animales que no tienen pulmones, poseen una sola concavidad en el corazón, y que los niños que estando en el seno materno no pueden usar de los pulmones, tienen un orificio por donde pasa sangre de la vena cava a la concavidad izquierda del corazón, y un conducto por donde va de la vena arteriosa a la gran arteria, sin pasar por el pulmón. Además, ¿cómo podría hacerse la cocción de los alimentos en el estómago, si el corazón no enviase calor a esta víscera por medio de las arterias, añadiéndole algunas de las más suaves partes de la sangre, que ayudan a disolver las viandas? Y la acción que convierte en sangre el jugo de esas viandas, ¿no es fácil de conocer, si se considera que, al pasar una y otra vez por el corazón, se destila quizá más de cien o doscientas veces cada día? Y para explicar la nutrición y la producción de los varios humores que hay en el cuerpo, ¿qué necesidad hay de otra cosa, sino decir que la fuerza con que la sangre, al dilatarse, pasa del corazón a las extremidades de las arterias, es causa de que algunas de sus partes se detienen entre las partes de los miembros en donde se hallan, tomando el lugar de otras que expulsan, y que, según la situación o la figura o la pequeñez de los poros que encuentran, van unas a alojarse en ciertos lugares y otras en ciertos otros, del mismo modo como hacen las cribas que, por estar agujereadas de diferente modo, sirven para separar unos de otros los granos de varios tamaños. Y, por último, lo que hay de más notable en todo esto, es la generación de los espíritus animales, que son como un sutilísimo viento, o más bien como una purísima y vivísima llama, la cual asciende de continuo muy abundante desde el corazón al cerebro y se corre luego por los nervios a los músculos y pone en movimiento todos los miembros; y para explicar cómo las partes de la sangre más agitadas y penetrantes van hacia el cerebro, más bien que a otro lugar cualquiera, no es necesario imaginar otra causa sino que las arterias que las conducen son las que salen del corazón en línea más recta, y, según las reglas mecánicas, que son las mismas que las de la naturaleza, cuando varias cosas tienden juntas a moverse hacia un mismo lado, sin que haya espacio bastante para recibirlas todas, como ocurre a las partes de la sangre que salen de la concavidad izquierda del corazón y tienden todas hacia el cerebro, las más fuertes deben dar de lado a las más endebles y menos agitadas y, por lo tanto, ser las únicas que lleguen.

Había yo explicado, con bastante detenimiento, todas estas cosas en el tratado que tuve el propósito de publicar. Y después había mostrado cuál debe ser la fábrica de los nervios y de los músculos del cuerpo humano, para conseguir que los espíritus animales, estando dentro, tengan fuerza bastante a mover los miembros, como vemos que las cabezas, poco después de cortadas, aun se mueven y muerden la tierra, sin embargo de que ya no están animadas; cuáles cambios deben verificarse en el cerebro para causar la vigilia, el sueño y los ensueños; cómo la luz, los sonidos, los olores, los sabores, el calor y demás cualidades de los objetos exteriores pueden imprimir en el cerebro varias ideas, por medio de los sentidos; cómo también pueden enviar allí las suyas el hambre, la sed y otras pasiones interiores; qué deba entenderse por el sentido común, en el cual son recibidas esas ideas; qué por la memoria, que las conserva y qué por la fantasía, que puede cambiarlas diversamente y componer otras nuevas y también puede, por idéntica manera, distribuir los espíritus animales en los músculos y poner en movimiento los miembros del cuerpo, acomodándolos a los objetos que se presentan a los sentidos y a las pasiones interiores, en tantos

varios modos cuantos movimientos puede hacer nuestro cuerpo sin que la voluntad los guíe ; lo

cual no parecerá de ninguna manera extraño a los que, sabiendo cuántos autómatas o máquinas

semovientes puede construir la industria humana, sin emplear sino poquísimas piezas, en

comparación de la gran muchedumbre de huesos, músculos, nervios, arterias, venas y demás partes

que hay en el cuerpo de un animal, consideren este cuerpo como una máquina que, por ser hecha de

manos de Dios, está incomparablemente mejor ordenada y posee movimientos más admirables que

ninguna otra de las que puedan inventar los hombres. Y aquí me extendí particularmente, haciendo

ver que si hubiese máquinas tales que tuviesen los órganos y figura exterior de un mono o de otro

cualquiera animal, desprovisto de razón, no habría medio alguno que nos permitiera conocer que no

son en todo de igual naturaleza que esos animales; mientras que si las hubiera que semejasen a

nuestros cuerpos e imitasen nuestras acciones, cuanto fuere moralmente posible, siempre

tendríamos dos medios muy ciertos para reconocer que no por eso son hombres verdaderos; y es el

primero, que nunca podrían hacer uso de palabras ni otros signos, componiéndolos, como hacemos

nosotros, para declarar nuestros pensamientos a los demás, pues si bien se puede concebir que una

máquina esté de tal modo hecha, que profiera palabras, y hasta que las profiera a propósito de

acciones corporales que causen alguna alteración en sus órganos, como, verbi gratia, si se la toca en

una parte, que pregunte lo que se quiere decirle, y si en otra, que grite que se le hace daño, y otras

cosas por el mismo estilo, sin embargo, no se concibe que ordene en varios modos las palabras para
contestar al sentido de todo lo que en su presencia se diga, como pueden hacerlo aun los más
estúpidos de entre los hombres; y es el segundo que, aun cuando hicieran varias cosas tan bien y
acaso mejor que ninguno de nosotros, no dejarían de fallar en otras, por donde se descubriría que no
obran por conocimiento, sino sólo por la disposición de sus órganos, pues mientras que la razón es
un instrumento universal, que puede servir en todas las coyunturas, esos órganos, en cambio,
necesitan una particular disposición para cada acción particular; por donde sucede que es
moralmente imposible que haya tantas y tan varias disposiciones en una máquina, que puedan
hacerla obrar en todas las ocurrencias de la vida de la manera como la razón nos hace obrar a
nosotros. Ahora bien: por esos dos medios puede conocerse también la diferencia que hay entre los
hombres y los brutos, pues es cosa muy de notar que no hay hombre, por estúpido y embobado que
esté, sin exceptuar los locos, que no sea capaz de arreglar un conjunto de varias palabras y
componer un discurso que dé a entender sus pensamientos; y, por el contrario, no hay animal, por
perfecto y felizmente dotado que sea, que pueda hacer otro tanto. Lo cual no sucede porque a los
animales les falten órganos, pues vemos que las urracas y los loros pueden proferir, como nosotros,
palabras, y, sin embargo, no pueden, como nosotros, hablar, es decir, dar fe de que piensan lo que
dicen; en cambio los hombres que, habiendo nacido sordos y mudos, están privados de los órganos,
que a los otros sirven para hablar, suelen inventar por sí mismos unos signos, por donde se declaran

58

a los que, viviendo con ellos, han conseguido aprender su lengua. Y esto no sólo prueba que las bestias tienen menos razón que los hombres, sino que no tienen ninguna; pues ya se ve que basta muy poca para saber hablar; y supuesto que se advierten desigualdades entre los animales de una misma especie, como entre los hombres, siendo unos más fáciles de adiestrar que otros, no es de creer que un mono o un loro, que fuese de los más perfectos en su especie, no igualara a un niño de los más estúpidos, o, por lo menos, a un niño cuyo cerebro estuviera turbado, si no fuera que su alma es de naturaleza totalmente diferente de la nuestra. Y no deben confundirse las palabras con los movimientos naturales que delatan las pasiones, los cuales pueden ser imitados por las máquinas tan bien como por los animales, ni debe pensarse, como pensaron algunos antiguos, que las bestias hablan, aunque nosotros no comprendemos su lengua; pues si eso fuera verdad, puesto que poseen varios órganos parecidos a los nuestros, podrían darse a entender de nosotros como de sus semejantes. Es también muy notable cosa que, aun cuando hay varios animales que demuestran más industria que nosotros en algunas de sus acciones, sin embargo, vemos que esos mismos no demuestran ninguna en muchas otras; de suerte que eso que hacen mejor que nosotros no prueba que tengan ingenio, pues, en ese caso, tendrían más que ninguno de nosotros y harían mejor que nosotros todas las demás cosas, sino más bien prueba que no tienen ninguno y que es la naturaleza la que en ellos obra, por la disposición de sus órganos, como vemos que un reloj, compuesto sólo de ruedas y resortes, puede contar las horas y medir el tiempo más exactamente que nosotros con toda nuestra prudencia.

Después de todo esto, había yo descrito el alma razonable y mostrado que en manera
alguna puede seguirse de la potencia de la materia, como las otras cosas de que he hablado, sino que
ha de ser expresamente creada; y no basta que esté alojada en el cuerpo humano, como un piloto en
su navío, a no ser acaso para mover sus miembros, sino que es necesario que esté junta y unida al
cuerpo más estrechamente, para tener sentimientos y apetitos semejantes a los nuestros y componer así un hombre verdadero. Por lo demás, me he extendido aquí un tanto sobre el tema del alma,
porque es de los más importantes; que, después del error de los que niegan a Dios, error que pienso
haber refutado bastantemente en lo que precede, no hay nada que más aparte a los espíritus endebles
del recto camino de la virtud, que el imaginar que el alma de los animales es de la misma naturaleza
que la nuestra, y que, por consiguiente, nada hemos de temer ni esperar tras esta vida, como nada
temen ni esperan las moscas y las hormigas; mientras que si sabemos cuán diferentes somos de los
animales, entenderemos mucho mejor las razones que prueban que nuestra alma es de naturaleza
enteramente independiente del cuerpo, y, por consiguiente, que no está sujeta a morir con él; y
puesto que no vemos otras causas que la destruyan, nos inclinaremos naturalmente a juzgar que es
inmortal.

Sexta parte

Hace ya tres años que llegué al término del tratado en donde están todas esas cosas, y

empezaba a revisarlo para entregarlo a la imprenta, cuando supe que unas personas a quienes

profeso deferencia y cuya autoridad no es menos poderosa sobre mis acciones que mi propia razón

sobre mis pensamientos, habían reprobado una opinión de física, publicada poco antes por otro;

no quiero decir que yo fuera de esa opinión, sino sólo que nada había notado en ella, antes de verla

así censurada, que me pareciese perjudicial ni para la religión ni para el Estado, y, por tanto, nada

que me hubiese impedido escribirla, de habérmela persuadido la razón. Esto me hizo temer no fuera

a haber alguna también entre las mías, en la que me hubiese engañado, no obstante el muy gran

cuidado que siempre he tenido de no admitir en mi creencia ninguna opinión nueva, que no esté

fundada en certísimas demostraciones, y de no escribir ninguna que pudiere venir en menoscabo de

alguien. Y esto fue bastante a mudar la resolución que había tomado de publicar aquel tratado; pues

aun cuando las razones que me empujaron a tomar antes esa resolución fueron muy fuertes, sin

embargo, mi inclinación natural, que me ha llevado siempre a odiar el oficio de hacer libros, me

proporcionó en seguida otras para excusarme. Y tales son esas razones, de una y de otra parte, que

no sólo me interesa a mí decirlas aquí, sino que acaso también interese al público conocerlas.

Nunca he atribuido gran valor a las cosas que provienen de mi espíritu; y mientras no he recogido del método que uso otro fruto sino el hallar la solución de algunas dificultades pertenecientes a las ciencias especulativas, o el llevar adelante el arreglo de mis costumbres, en conformidad con las razones que ese método me enseñaba, no me he creído obligado a escribir nada. Pues en lo tocante a las costumbres, es tanto lo que cada uno abunda en su propio sentido, que podrían contarse tantos reformadores como hay hombres, si a todo el mundo, y no sólo a los que Dios ha establecido soberanos de sus pueblos o a los que han recibido de él la gracia y el celo suficientes para ser profetas, le fuera permitido dedicarse a modificarlas en algo; y en cuanto a mis especulaciones, aunque eran muy de mi gusto, he creído que los demás tendrían otras también, que acaso les gustaran más. Pero tan pronto como hube adquirido algunas nociones generales de la física y comenzado a ponerlas a prueba en varias dificultades particulares, notando entonces cuán lejos pueden llevarnos y cuán diferentes son de los principios que se han usado hasta ahora, creí que conservarlas ocultas era grandísimo pecado, que infringía la ley que nos obliga a procurar el bien general de todos los hombres, en cuanto ello esté en nuestro poder. Pues esas nociones me han enseñado que es posible llegar a conocimientos muy útiles para la vida, y que, en lugar de la filosofía especulativa, enseñada en las escuelas, es posible encontrar una práctica, por medio de la cual, conociendo la fuerza y las acciones del fuego, del agua, del aire, de los astros, de los cielos y de todos los demás cuerpos, que nos rodean, tan distintamente como conocemos los oficios varios de nuestros artesanos, podríamos aprovecharlas del mismo modo, en todos los usos a que sean propias, y de esa suerte hacernos como dueños y poseedores de la naturaleza. Lo cual es muy de desear, no sólo por la invención de una infinidad de artificios que nos permitirían gozar sin ningún trabajo de los frutos de la tierra y de todas las comodidades que hay en ella, sino también principalmente por la conservación de la salud, que es, sin duda, el primer bien y el fundamento de los otros bienes de esta vida, porque el espíritu mismo depende tanto del temperamento y de la disposición de los órganos del cuerpo, que, si es posible encontrar algún medio para hacer que los hombres sean comúnmente más sabios y más hábiles que han sido hasta aquí, creo que es en la medicina en donde hay que buscarlo. Verdad es que la que ahora se usa contiene pocas cosas de tan notable utilidad; pero, sin que esto sea querer despreciarla, tengo por cierto que no hay nadie, ni aun los que han hecho de ella su profesión, que no confiese que cuanto se sabe, en esa ciencia, no es casi nada comparado con lo que queda por averiguar y que podríamos librarnos de una infinidad de enfermedades, tanto del cuerpo como del espíritu, y hasta quizá de la debilidad que la vejez nos trae, si tuviéramos bastante conocimiento de sus causas y de todos los remedios, de que la naturaleza nos ha provisto. Y como yo había concebido el designio de emplear mi vida entera en la investigación de tan necesaria ciencia, y como había encontrado un camino que me parecía que, siguiéndolo, se debe infaliblemente dar con ella, a no ser que lo impida la brevedad de la vida o la falta de experiencias, juzgaba que no hay mejor remedio contra esos dos obstáculos, sino comunicar fielmente al público lo poco que hubiera encontrado e invitar a los buenos ingenios a que traten de

seguir adelante, contribuyendo cada cual, según su inclinación y sus fuerzas, a las experiencias que

habría que hacer, y comunicando asimismo al público todo cuanto averiguaran, con el fin de que,

empezando los últimos por donde hayan terminado sus predecesores, y juntando así las vidas y los

trabajos de varios, llegásemos todos juntos mucho más allá de donde puede llegar uno en particular.

Y aun observé, en lo referente a las experiencias, que son tanto más necesarias cuanto

más se ha adelantado en el conocimiento, pues al principio es preferible usar de las que se presentan

por sí mismas a nuestros sentidos y que no podemos ignorar por poca reflexión que hagamos, que

buscar otras más raras y estudiadas; y la razón de esto es que esas más raras nos engañan muchas

veces, si no sabemos ya las causas de las otras más comunes y que las circunstancias de que

dependen son casi siempre tan particulares y tan pequeñas, que es muy difícil notarlas. Pero el

orden que he llevado en esto ha sido el siguiente: primero he procurado hallar, en general, los

principios o primeras causas de todo lo que en el mundo es o puede ser, sin considerar para este

efecto nada más que Dios solo, que lo ha creado, ni sacarlas de otro origen, sino de ciertas semillas

de verdades, que están naturalmente en nuestras almas; después he examinado cuáles sean los

primeros y más ordinarios efectos que de esas causas pueden derivarse, y me parece que por tales

medios he encontrado unos cielos, unos astros, una tierra, y hasta en la tierra, agua, aire, fuego,

minerales y otras cosas que, siendo las más comunes de todas y las más simples, son también las
más fáciles de conocer. Luego, cuando quise descender a las más particulares, presentáronseme
tantas y tan varias, que no he creído que fuese posible al espíritu humano distinguir las formas o
especies de cuerpos, que están en la tierra, de muchísimas otras que pudieran estar en ella, si la
voluntad de Dios hubiere sido ponerlas, y, por consiguiente, que no es posible tampoco referirlas a
nuestro servicio, a no ser que salgamos al encuentro de las causas por los efectos y hagamos uso de
varias experiencias particulares. En consecuencia, hube de repasar en mi espíritu todos los objetos
que se habían presentado ya a mis sentidos, y no vacilo en afirmar que nada vi en ellos que no
pueda explicarse, con bastante comodidad, por medio de los principios hallados por mí. Pero debo
asimismo confesar que es tan amplia y tan vasta la potencia de la naturaleza y son tan simples y tan
generales esos principios, que no observo casi ningún efecto particular, sin en seguida conocer que
puede derivarse de ellos en varias diferentes maneras, y mi mayor dificultad es, por lo común,
encontrar por cuál de esas maneras depende de aquellos principios; y no sé otro remedio a esa
dificultad que el buscar algunas experiencias, que sean tales que no se produzca del mismo modo el
efecto, si la explicación que hay que dar es esta o si es aquella otra. Además, a tal punto he llegado
ya, que veo bastante bien, a mi parecer, el rodeo que hay que tomar, para hacer la mayor parte de las
experiencias que pueden servir para esos efectos; pero también veo que son tantas y tales, que ni
mis manos ni mis rentas, aunque tuviese mil veces más de lo que tengo, bastarían a todas; de suerte

que, según tenga en adelante comodidad para hacer más o menos, así también adelantaré más o

menos en el conocimiento de la naturaleza; todo lo cual pensaba dar a conocer, en el tratado que

había escrito, mostrando tan claramente la utilidad que el público puede obtener, que obligase a

cuantos desean en general el bien de los hombres, es decir, a cuantos son virtuosos efectivamente y no por apariencia falsa y mera opinión, a comunicarme las experiencias que ellos hubieran hecho y

a ayudarme en la investigación de las que aun me quedan por hacer.

Pero de entonces acá, hánseme ocurrido otras razones que me han hecho cambiar de

opinión y pensar que debía en verdad seguir escribiendo cuantas cosas juzgara de alguna

importancia, conforme fuera descubriendo su verdad, poniendo en ello el mismo cuidado que si las

tuviera que imprimir, no sólo porque así disponía de mayor espacio para examinarlas bien, pues sin

duda, mira uno con más atención lo que piensa que otros han de examinar, que lo que hace para sí

solo (y muchas cosas que me han parecido verdaderas cuando he comenzado a concebirlas, he

conocido luego que son falsas, cuando he ido a estamparlas en el papel), sino también para no

perder ocasión de servir al público, si soy en efecto capaz de ello, y porque, si mis escritos valen

algo, puedan usarlos como crean más conveniente los que los posean después de mi muerte; pero

pensé que no debía en manera alguna consentir que fueran publicados, mientras yo viviera, para que

ni las oposiciones y controversias que acaso suscitaran, ni aun la reputación, fuere cual fuere, que me pudieran proporcionar, me dieran ocasión de perder el tiempo que me propongo emplear en instruirme. Pues si bien es cierto que todo hombre está obligado a procurar el bien de los demás, en cuanto puede, y que propiamente no vale nada quien a nadie sirve, sin embargo, también es cierto que nuestros cuidados han de sobrepasar el tiempo presente y que es bueno prescindir de ciertas cosas, que quizá fueran de algún provecho para los que ahora viven, cuando es para hacer otras que han de ser más útiles aun a nuestros nietos. Y, en efecto, es bueno que se sepa que lo poco que hasta aquí he aprendido no es casi nada, en comparación de lo que ignoro y no desconfío de poder aprender; que a los que van descubriendo poco a poco la verdad, en las ciencias, les acontece casi lo mismo que a los que empiezan a enriquecerse, que les cuesta menos trabajo, siendo ya algo ricos, hacer grandes adquisiciones, que antes, cuando eran pobres, recoger pequeñas ganancias. También pueden compararse con los jefes de ejército, que crecen en fuerzas conforme ganan batallas, y necesitan más atención y esfuerzo para mantenerse después de una derrota, que para tomar ciudades y conquistar provincias después de una victoria; que verdaderamente es como dar batallas el tratar de vencer todas las dificultades y errores que nos impiden llegar al conocimiento de la verdad y es como perder una el admitir opiniones falsas acerca de alguna materia un tanto general e importante; y hace falta después mucha más destreza para volver a ponerse en el mismo estado en que se estaba, que para hacer grandes progresos, cuando se poseen ya principios bien asegurados. En lo que a mí respecta, si he logrado hallar algunas verdades en las ciencias (y confío que lo que va en este

67

volumen demostrará que algunas he encontrado), puedo decir que no son sino consecuencias y

dependencias de cinco o seis principales dificultades que he resuelto y que considero como otras

tantas batallas, en donde he tenido la fortuna de mi lado; y hasta me atreveré a decir que pienso que

no necesito ganar sino otras dos o tres como esas, para llegar al término de mis propósitos, y que no

es tanta mi edad que no pueda, según el curso ordinario de la naturaleza, disponer aún del tiempo

necesario para ese efecto. Pero por eso mismo, tanto más obligado me creo a ahorrar el tiempo que

me queda, cuantas mayores esperanzas tengo de poderlo emplear bien; y sobrevendrían, sin duda,

muchas ocasiones de perderlo si publicase los fundamentos de mi física; pues aun cuando son tan

evidentes todos, que basta entenderlos para creerlos, y no hay uno solo del que no pueda dar

demostraciones, sin embargo, como es imposible que concuerden con todas las varias opiniones de

los demás hombres, preveo que suscitarían oposiciones, que me distraerían no poco de mi labor.

Puede objetarse a esto diciendo que esas oposiciones serían útiles, no sólo porque me

darían a conocer mis propias faltas, sino también porque, de haber en mí algo bueno, los demás

hombres adquirirían por ese medio una mejor inteligencia de mis opiniones; y como muchos ven

más que uno solo, si comenzaren desde luego a hacer uso de mis principios, me ayudarían también

con sus invenciones. Pero aun cuando me conozco como muy expuesto a errar, hasta el punto de no

fiarme casi nunca de los primeros pensamientos que se me ocurren, sin embargo, la experiencia que tengo de las objeciones que pueden hacerme, me quita la esperanza de obtener de ellas algún

provecho; pues ya muchas veces he podido examinar los juicios ajenos, tanto los pronunciados por

quienes he considerado como amigos míos, como los emitidos por otros, a quienes yo pensaba ser indiferente, y hasta los de algunos, cuya malignidad y envidia sabía yo que habían de procurar

descubrir lo que el afecto de mis amigos no hubiera conseguido ver; pero rara vez ha sucedido que

me hayan objetado algo enteramente imprevisto por mí, a no ser alguna cosa muy alejada de mi

asunto; de suerte que casi nunca he encontrado un censor de mis opiniones que no me pareciese o

menos severo o menos equitativo que yo mismo. Y tampoco he notado nunca que las disputas que

suelen practicarse en las escuelas sirvan para descubrir una verdad antes ignorada; pues

esforzándose cada cual por vencer a su adversario, más se ejercita en abonar la verosimilitud que en

pesar las razones de una y otra parte; y los que han sido durante largo tiempo buenos abogados, no

por eso son luego mejores jueces.

En cuanto a la utilidad que sacaran los demás de la comunicación de mis pensamientos,

tampoco podría ser muy grande, ya que aun no los he desenvuelto hasta tal punto, que no sea

preciso añadirles mucho, antes de ponerlos en práctica. Y creo que, sin vanidad, puedo decir que si

alguien hay capaz de desarrollarlos, he de ser yo mejor que otro cualquiera, y no porque no pueda

haber en el mundo otros ingenios mejores que el mío, sin comparación, sino porque el que aprende

de otro una cosa, no es posible que la conciba y la haga suya tan plenamente como el que la inventa.

Y tan cierto es ello en esta materia, que habiendo yo explicado muchas veces algunas opiniones

mías a personas de muy buen ingenio, parecían entenderlas muy distintamente, mientras yo hablaba,

y, sin embargo, cuando luego las han repetido, he notado que casi siempre las han alterado de tal

suerte que ya no podía yo reconocerlas por mías. Aprovecho esta ocasión para rogar a nuestros

descendientes que no crean nunca que proceden de mí las cosas que les digan otros, si no es que yo

mismo las haya divulgado; y no me asombro en modo alguno de esas extravagancias que se

atribuyen a los antiguos filósofos, cuyos escritos no poseemos, ni juzgo por ellas que hayan sido sus

pensamientos tan desatinados, puesto que aquellos hombres fueron los mejores ingenios de su

tiempo; sólo pienso que sus opiniones han sido mal referidas. Asimismo vemos que casi nunca ha

ocurrido que uno de los que siguieron las doctrinas de esos grandes ingenios haya superado al

maestro; y tengo por seguro que los que con mayor ahínco siguen hoy a Aristóteles, se estimarían

dichosos de poseer tanto conocimiento de la naturaleza como tuvo él, aunque hubieran de someterse

a la condición de no adquirir nunca más amplio saber. Son como la yedra, que no puede subir más

alto que los árboles en que se enreda y muchas veces desciende, después de haber llegado hasta la

copa; pues me parece que también los que siguen una doctrina ajena descienden, es decir, se tornan

en cierto modo menos sabios que si se abstuvieran de estudiar; los tales, no contentos con saber

todo lo que su autor explica inteligiblemente, quieren además encontrar en él la solución de varias

dificultades, de las cuales no habla y en las cuales acaso no pensó nunca. Sin embargo, es comodísima esa manera de filosofar, para quienes poseen ingenios muy medianos, pues la

oscuridad de las distinciones y principios de que usan, les permite hablar de todo con tanta audacia

como si lo supieran, y mantener todo cuanto dicen contra los más hábiles y los más sutiles, sin que

haya medio de convencerles; en lo cual parécenme semejar a un ciego que, para pelear sin

desventaja contra uno que ve, le hubiera llevado a alguna profunda y oscurísima cueva; y puedo

decir que esos tales tienen interés en que yo no publique los principios de mi filosofía, pues siendo,

como son, muy sencillos y evidentes, publicarlos sería como abrir ventanas y dar luz a esa cueva

adonde han ido a pelear. Mas tampoco los ingenios mejores han de tener ocasión de desear

conocerlos, pues si lo que quieren es saber hablar de todo y cobrar fama de doctos, lo conseguirán

más fácilmente contentándose con lo verosímil, que sin gran trabajo puede hallarse en todos los

asuntos, que buscando la verdad, que no se descubre sino poco a poco en algunas materias y que,

cuando es llegada la ocasión de hablar de otros temas, nos obliga a confesar francamente que los

ignoramos. Pero si estiman que una verdad pequeña es preferible a la vanidad de parecer saberlo

todo, como, sin duda, es efectivamente preferible, y si lo que quieren es proseguir un intento

semejante al mío, no necesitan para ello que yo les diga más de lo que en este discurso llevo dicho;

pues si son capaces de continuar mi obra, tanto más lo serán de encontrar por sí mismos todo cuanto

pienso yo que he encontrado, sin contar con que, habiendo yo seguido siempre mis investigaciones

ordenadamente, es seguro que lo que me queda por descubrir es de suyo más difícil y oculto que lo que he podido anteriormente encontrar y, por tanto, mucho menos gusto hallarían en saberlo por mí, que en indagarlo solos; y además, la costumbre que adquirirán buscando primero cosas fáciles y

pasando poco a poco a otras más difíciles, les servirá mucho mejor que todas mis instrucciones. Yo

mismo estoy persuadido de que si, en mi mocedad, me hubiesen enseñado todas las verdades cuyas

demostraciones he buscado luego y no me hubiese costado trabajo alguno el aprenderlas, quizá no

supiera hoy ninguna otra cosa, o por lo menos nunca hubiera adquirido la costumbre y facilidad que

creo tener de encontrar otras nuevas, conforme me aplico a buscarlas. Y, en suma, si hay en el

mundo una labor que no pueda nadie rematar tan bien como el que la empezó, es ciertamente la que

me ocupa.

Verdad es que en lo que se refiere a las experiencias que pueden servir para ese trabajo,

no basta un hombre solo a hacerlas todas; pero tampoco ese hombre podrá emplear con utilidad

ajenas manos, como no sean las de artesanos u otras gentes, a quienes pueda pagar, pues la

esperanza de una buena paga, que es eficacísimo medio, hará que esos operarios cumplan

exactamente sus prescripciones. Los que voluntariamente, por curiosidad o deseo de aprender, se

ofrecieran a ayudarle, además de que suelen, por lo común, ser más prontos en prometer que en

cumplir y no hacen sino bellas proposiciones, nunca realizadas, querrían infaliblemente recibir, en

cambio, algunas explicaciones de ciertas dificultades, o por lo menos obtener halagos y

conversaciones inútiles, las cuales, por corto que fuera el tiempo empleado en ellas, representarían,

al fin y al cabo, una positiva pérdida. Y en cuanto a las experiencias que hayan hecho ya los demás,
aun cuando se las quisieren comunicar - cosa que no harán nunca quienes les dan el nombre de
secretos -, son las más de entre ellas compuestas de tantas circunstancias o ingredientes superfluos,
que le costaría no pequeño trabajo descifrar lo que haya en ellas de verdadero; y, además, las
hallaría casi todas tan mal explicadas e incluso tan falsas, debido a que sus autores han procurado
que parezcan conformes con sus principios, que, de haber algunas que pudieran servir, no valdrían
desde luego el tiempo que tendría que gastar en seleccionarlas. De suerte que si en el mundo
hubiese un hombre de quien se supiera con seguridad que es capaz de encontrar las mayores cosas y
las más útiles para el público y, por este motivo, los demás hombres se esforzasen por todas las
maneras en ayudarle a realizar sus designios, no veo que pudiesen hacer por él nada más sino
contribuir a sufragar los gastos de las experiencias, que fueren precisas, y, por lo demás, impedir
que vinieran importunos a estorbar sus ocios laboriosos. Mas sin contar con que no soy yo tan
presumido que vaya a prometer cosas extraordinarias, ni tan repleto de vanidosos pensamientos que
vaya a figurarme que el público ha de interesarse mucho por mis propósitos, no tengo tampoco tan
rebajada el alma, como para aceptar de nadie un favor que pudiera creerse que no he merecido.
Todas estas consideraciones juntas fueron causa de que no quise, hace tres años, divulgar
el tratado que tenía entre manos, y aun resolví no publicar durante mi vida ningún otro de índole tan
general, que por él pudieran entenderse los fundamentos de mi física. Pero de entonces acá han

venido otras dos razones a obligarme a poner en este libro algunos ensayos particulares y a dar

algo cuenta al público de mis acciones y de mis designios; y es la primera que, de no hacerlo,

algunos que han sabido que tuve la intención de imprimir ciertos escritos, podrían acaso figurarse

que los motivos, por los cuales me he abstenido, son de índole que menoscaba mi persona; pues,

aun cuando no siento un excesivo amor por la gloria y hasta me atrevo a decir que la odio, en

cuanto que la juzgo contraria a la quietud, que es lo que más aprecio, sin embargo, tampoco he

hecho nunca nada por ocultar mis actos, como si fueran crímenes, ni he tomado muchas

precauciones para permanecer desconocido, no sólo porque creyera de ese modo dañarme a mí

mismo, sino también porque ello habría provocado en mí cierta especie de inquietud, que hubiera

venido a perturbar la perfecta tranquilidad de espíritu que busco; y así, habiendo siempre

permanecido indiferente entre el cuidado de ser conocido y el de no serlo, no he podido impedir

cierta especie de reputación que he adquirido, por lo cual he pensado que debía hacer por mi parte

lo que pudiera, para evitar al menos que esa fama sea mala. La segunda razón, que me ha obligado a

escribir esto, es que veo cada día cómo se retrasa más y más el propósito que he concebido de

instruirme, a causa de una infinidad de experiencias que me son precisas y que no puedo hacer sin

ayuda ajena, y aunque no me precio de valer tanto como para esperar que el público tome mucha

parte en mis intereses, sin embargo, tampoco quiero faltar a lo que me debo a mí mismo, dando

ocasión a que los que me sobrevivan puedan algún día hacerme el cargo de que hubiera podido dejar acabadas muchas mejores cosas, si no hubiese prescindido demasiado de darles a entender

cómo y en qué podían ellos contribuir. a mis designios.

Y he pensado que era fácil elegir algunas materias que, sin provocar grandes

controversias, ni obligarme a declarar mis principios más detenidamente de lo que deseo, no dejaran

de mostrar con bastante claridad lo que soy o no soy capaz de hacer en las ciencias. En lo cual no

puedo decir si he tenido buen éxito, pues no quiero salir al encuentro de los juicios de nadie,

hablando yo mismo de mis escritos; pero me agradaría mucho que fuesen examinados y, para dar

más amplia ocasión de hacerlo, ruego a quienes tengan objeciones que formular, que se tomen la

molestia de enviarlas a mi librero, quien me las transmitirá, y procuraré dar respuesta que pueda

publicarse con las objeciones; de este modo, los lectores, viendo juntas unas y otras, juzgarán

más cómodamente acerca de la verdad, pues prometo que mis respuestas no serán largas y me

limitaré a confesar mis faltas francamente, si las conozco y, si no puedo apercibirlas, diré

sencillamente lo que crea necesario para la defensa de mis escritos, sin añadir la explicación de

ningún asunto nuevo, a fin de no involucrar indefinidamente uno en otro.

Si alguna de las cosas de que hablo al principio de la Dióptrica y de los Meteoros

producen extrañeza, porque las llamo suposiciones y no parezco dispuesto a probarlas, téngase la

paciencia de leerlo todo atentamente, y confío en que se hallará satisfacción; pues me parece que las razones se enlazan unas con otras de tal suerte que, como las últimas están demostradas por las

primeras, que son sus causas, estas primeras a su vez lo están por las últimas, que son sus efectos.

Y no se imagine que en esto cometo la falta que los lógicos llaman círculo, pues como la experiencia

muestra que son muy ciertos la mayor parte de esos efectos, las causas de donde los deduzco sirven

más que para probarlos, para explicarlos, y, en cambio, esas causas quedan probadas por estos

efectos. Y si las he llamado suposiciones, es para que se sepa que pienso poder deducirlas de las

primeras verdades que he explicado en este discurso; pero he querido expresamente no hacerlo, para

impedir que ciertos ingenios, que con solo oír dos o tres palabras se imaginan que saben en un día lo

que otro ha estado veinte años pensando, y que son tanto más propensos a errar e incapaces de

averiguar la verdad, cuanto más penetrantes y ágiles, no aprovechen la ocasión para edificar alguna

extravagante filosofía sobre los que creyeren ser mis principios, y luego se me atribuya a mí la

culpa; que por lo que toca a las opiniones enteramente mías, no las excuso por nuevas, pues si se

consideran bien las razones que las abonan, estoy seguro de que parecerán tan sencillas y tan

conformes con el sentido común, que serán tenidas por menos extraordinarias y extrañas que

cualesquiera otras que puedan sustentarse acerca de los mismos asuntos; y no me precio tampoco de

ser el primer inventor de ninguna de ellas, sino solamente de no haberlas admitido, ni porque las

dijeran otros, ni porque no las dijeran, sino sólo porque la razón me convenció de su verdad.

Si los artesanos no pueden en buen tiempo ejecutar el invento que explico en la

Dióptrica, no creo que pueda decirse por eso que es malo; pues, como se requiere mucha destreza y

costumbre para hacer y encajar las máquinas que he descrito, sin que les falte ninguna

circunstancia, tan extraño sería que diesen con ello a la primera vez, como si alguien consiguiese

aprender en un día a tocar el laúd, de modo excelente, con solo haber estudiado un buen papel

pautado. Y si escribo en francés, que es la lengua de mi país, en lugar de hacerlo en latín, que

es el idioma empleado por mis preceptores, es porque espero que los que hagan uso de su pura

razón natural, juzgarán mejor mis opiniones que los que sólo creen en los libros antiguos; y en

cuanto a los que unen el buen sentido con el estudio, únicos que deseo sean mis jueces, no serán

seguramente tan parciales en favor del latín, que se nieguen a oír mis razones, por ir explicadas en

lengua vulgar.

Por lo demás, no quiero hablar aquí particularmente de los progresos que espero realizar

más adelante en las ciencias ni comprometerme con el público, prometiéndole cosas que no esté

seguro de cumplir; pero diré tan sólo que he resuelto emplear el tiempo que me queda de vida en

procurar adquirir algún conocimiento de la naturaleza, que sea tal, que se puedan derivar para la

medicina reglas más seguras que las hasta hoy usadas, y que mi inclinación me aparta con tanta

fuerza de cualesquiera otros designios, sobre todo de los que no pueden servir a unos, sin dañar a

otros, que si algunas circunstancias me constriñesen a entrar en ellos, creo que no sería capaz de

llevarlos a buen término. Esta declaración que aquí hago bien sé que no ha de servir para hacerme importante en el mundo; mas no tengo ninguna gana de serlo y siempre me consideraré más

obligado con los que me hagan la merced de ayudarme a gozar de mis ocios, sin tropiezo, que con

los que me ofrezcan los cargos más honorables de la tierra.